7급 내 실력 체크체크

영역 / 문제 수	적중 예상 문제 1회		적중 예상 문제 2회		적중 예상 문제 3회	
유형	총 문제 수	맞은 문제 수	총 문제 수	맞은 문제 수	총 문제 수	맞은 문제 수
독음	32개		32개		32개	
훈음	30개		30개		30개	
반의어(상대어)	2개		2개		2개	
완성형(성어)	2개		2개		2개	
뜻풀이	2개		2개		2개	
필순	2개		2개		2개	
합계	70개		70개		70개	

기준표

	참 잘했어요!	잘했어요!	노력해요!
맞은 문제 수	63개 이상	62~49개 이상	48개 이하

63개 이상
참 잘했어요!

합격이 눈앞에 보이네요. 이제 뒤에 나오는 문제를 풀면서 실전 감각을 익혀 보세요.

활용법

1. 적중 예상 문제를 풀면서 맞은 문제 수와 틀린 문제 수를 체크합니다.
2. 1회분의 문제를 풀 때마다 맞은 문제 수를 정리하여 '내 실력 체크체크' 표에 표시합니다.
3. '내 실력 체크체크' 표를 보고, 내가 부족한 유형이 무엇인지 확인하여 꼭 다시 한번 공부합니다.

적중 예상 문제 4회		적중 예상 문제 5회		적중 예상 문제 6회		적중 예상 문제 7회	
총 문제 수	맞은 문제 수	총 문제 수	맞은 문제 수	총 문제 수	맞은 문제 수	총 문제 수	맞은 문제 수
2개		32개		32개		32개	
0개		30개		30개		30개	
개		2개		2개		2개	
개		2개		2개		2개	
개		2개		2개		2개	
개		2개		2개		2개	
0개		70개		70개		70개	

※ 7급은 맞은 문제 수가 총 49개 이상이어야 합격입니다.

62~49개 이상 — 잘했어요!

약간 불안해요. 틀렸던 부분을 다시 체크하며 완전히 내 것으로 만들어 보세요.

48개 이하 — 노력해요!

너무 게으름을 피웠네요. 배정 한자 익히기 부분을 꼼꼼히 복습한 후 다시 도전해 보세요.

차례

시험 안내	04
출제 경향과 유형 익히기	05
7급 배정 한자 총 150자	08

배정 한자 익히기

- **배움**과 관계있는 한자 ··············· 12
  學, 校, 敎, 育, 先, 生, 文, 字, 國, 語, 問, 答

- **숫자**와 관계있는 한자 ··············· 22
  算, 數, 一, 二, 三, 四, 五, 六, 七, 八, 九, 十, 百, 千, 萬

- **색·신체**와 관계있는 한자 ··············· 34
  色, 靑, 白, 口, 手, 足

- **방향·위치**와 관계있는 한자 ··············· 42
  東, 西, 南, 北, 前, 後, 左, 右, 上, 下, 內, 外

- **가족·요일**과 관계있는 한자 ··············· 52
  父, 母, 兄, 弟, 祖, 子, 月, 火, 水, 木, 金, 土

- **사람 활동**과 관계있는 한자 ··············· 62
  歌, 動, 登, 來, 立, 食, 入, 出, 休, 植, 記, 活, 農, 事, 話

- **시간**과 관계있는 한자 ··············· 74
  時, 間, 年, 午, 夕, 春, 夏, 秋, 冬

- **사람 성격·행정 구역**과 관계있는 한자 ··············· 84
  正, 直, 便, 安, 孝, 心, 道, 市, 邑, 面, 洞, 里

- **나라·사물·집과 관계있는 한자** 94
    韓, 中, 日, 旗, 紙, 車, 家, 室, 門, 住, 所, 場

- **자연과 관계있는 한자** 104
    自, 然, 電, 天, 地, 林, 山, 川, 江, 海, 花, 草

- **사물 상태와 관계있는 한자** 114
    大, 小, 長, 重, 平, 方, 空, 全, 同

- **사람과 관계있는 한자** 124
    軍, 人, 民, 王, 男, 女, 老, 少, 世, 工, 夫, 主

- **그 밖의 한자** 134
    物, 寸, 村, 有, 力, 姓, 名, 漢, 氣, 不, 命, 每

둘 묶음별 한자 익히기

- 모양이 비슷한 한자 146
- 뜻이 반대(상대)되는 한자 152
- 뜻이 비슷한 한자 154
- 음이 둘 이상인 한자 155
- 두음 법칙의 적용을 받는 한자 156

셋 실전 감각 익히기

- 한자능력검정시험 기출 유사 문제 158
- 한자능력검정시험 적중 예상 문제 162

- 모범 답안 176
- 색인 184

시험 안내

한자능력검정시험이란?

한자 자격증 시험을 주관하는 여러 곳 가운데 (사)한국어문회에서 주관하는 국가 공인 한자 자격증 시험입니다. 한자 자격증으로서는 최초로 2001년 1월 1일자로 국가 공인을 받았습니다.

시험 일정

보통 1년에 4번 시험이 진행되는데, 해마다 일정이 달라지기 때문에 한국어문회 홈페이지(www.hanja.re.kr)에서 바로 확인하는 것이 정확합니다.

접수 방법

방문 접수

- **접수 급수** 모든 급수
- **접수처** 각 고사장 지정 접수처
- **접수 방법**
  ① 응시 급수 선택: 급수 배정을 참고하여, 응시자의 실력에 알맞은 급수를 선택합니다.
  ② 원서 작성 준비물 확인: 반명함판(3×4cm) 사진 2매(무배경·탈모), 급수증 수령 주소, 응시자 주민등록 번호, 응시자 이름(한글·한자), 응시료
  ③ 원서 작성 및 접수: 응시 원서를 작성한 후, 접수처에 응시료와 함께 접수합니다.
  ④ 수험표 확인: 접수 완료 후 받으신 수험표로 수험 장소, 수험 일시, 응시자를 확인합니다.

▲ 반명함판 사진 예시

인터넷 접수

접수 방법은 바뀔 수 있으므로 한국어문회 홈페이지(www.hanja.re.kr)를 참고하시기 바랍니다.

시험 시간

- 특급·특급Ⅱ: 100분
- 1급: 90분
- 2급·3급·3급Ⅱ: 60분
- 4급·4급Ⅱ·5급·5급Ⅱ·6급·6급Ⅱ·7급·7급Ⅱ·8급: 50분

준비물

수험표 / 검정색 볼펜(연필, 유성펜, 색깔 펜 사용 불가) / 신분증 / 수정 테이프(또는 수정액)

합격자 발표

한국어문회 홈페이지(www.hanja.re.kr - 결과 조회 - 합격 발표 및 학습 성취도), ARS(060-800-1100), 인터넷 접수 사이트(www.hangum.re.kr)에서 확인하실 수 있습니다.

기타 문의

한국한자능력검정회 전화 1566-1400
팩스 02-6003-1414, 인터넷 www.hanja.re.kr

출제 경향과 유형 익히기

유형 1 한자어의 음 쓰기

한자어를 제대로 읽을 수 있는지 확인하는 유형. 전체 70문항 중에서 32문항 정도 출제

[문제 1~5] 다음 밑줄 친 漢字語(한자어)의 音(음:소리)을 쓰세요.

<보기>: 漢字 ➡ 한자

[1] <u>十月</u>은 문화의 달이다.   (   )

[2] '<u>女子</u>'는 여성으로 태어난 사람이다.   (   )

[3] 그들은 <u>安全</u> 수칙을 철저히 지켰다.   (   )

[4] <u>午後</u> 2시에 친구와 만나기로 약속했다.   (   )

[5] 우리 집은 '<u>正直</u>'을 가훈으로 삼고 있다.   (   )

[대책] 한자어의 독음은 낱글자의 음을 알고 있으면 답할 수 있습니다. 다만 다음과 같은 경우에 주의해야 합니다.
- 단어의 첫머리에서 음이 변하는 경우
  예) 女子: 녀자(×), 여자(○)
- 본음과 달리 읽어야 하는 경우
  예) 十月: 십월(×), 시월(○)

정답 [1]시월 [2] 여자 [3]안전
[4] 오후 [5] 정직

유형 2 한자의 훈과 음 쓰기

한자의 訓(훈: 뜻)과 音(음: 소리)을 정확하게 알고 있는지 확인하는 유형. 전체 70문항 중에서 20문항 정도 출제

[문제 1~10] 다음 漢字(한자)의 訓(훈: 뜻)과 音(음: 소리)을 쓰세요.

<보기>: 字 ➡ 글자 자

[1] 日 (   )   [2] 小 (   )

[3] 水 (   )   [4] 土 (   )

[5] 正 (   )   [6] 直 (   )

[7] 世 (   )   [8] 問 (   )

[9] 歌 (   )   [10] 兄 (   )

[대책] 훈과 음이 여러 가지인 한자에 주의해야 합니다. 한자의 훈과 음은 반드시 '한국어문회'에서 제시한 대표 훈과 음으로 써야 합니다.

정답 [1] 날 일 [2] 작을 소
[3] 물 수 [4] 흙 토
[5] 바를 정 [6] 곧을 직
[7] 인간 세 [8] 물을 문
[9] 노래 가 [10] 형 형

출제 경향과 유형 익히기

유형 ❸ 단어에 알맞은 한자어 찾기

단어의 뜻을 파악하여 알맞은 한자어를 찾아낼 수 있는지 확인하는 유형.
전체 70문항 중에서 2문항 정도 출제

[대책] 한자를 정확하게 익히기 위해서는 한자어의 활용을 통해 익혀야 합니다.
그런 과정을 통하여 한자를 익히면 한자가 문장 속에 활용될 때 한자를 정확히 사용할 수 있게 됩니다.

[문제 1~2] 다음 밑줄 친 단어의 漢字語(한자어)를 〈보기〉에서 골라 그 번호를 쓰세요.

　　〈보기〉: ① 風力　　② 二重　　③ 氣力　　④ 白紙

[1] 풍차는 풍력으로 움직입니다.　　　　　　　　　(　　　　)

[2] 정은이는 백지에 엄마의 얼굴을 그렸습니다.　　(　　　　)

정답 [1] ①　[2] ④

유형 ❹ 훈과 음에 알맞은 한자 찾기

주어진 훈과 음에 알맞은 한자를 찾아낼 수 있는지 확인하는 유형.
전체 70문항 중에서 10문항 정도 출제

[대책] 한자에는 훈은 같은데 음이 다른 경우, 음은 같은데 훈이 다른 경우들이 있기 때문에 훈과 음을 정확히 알아야 합니다.

[문제 1-10] 다음 訓(훈:뜻)과 音(음:소리)에 맞는 漢字(한자)를 〈보기〉에서 골라 그 번호를 쓰세요.

　　〈보기〉: ① 記　② 紙　③ 然　④ 夏
　　　　　　⑤ 育　⑥ 活　⑦ 學　⑧ 弟
　　　　　　⑨ 地　⑩ 後

[1] 뒤 후 (　　　)　　[2] 기록할 기 (　　　)

[3] 여름 하 (　　　)　　[4] 땅 지 (　　　)

[5] 기를 육 (　　　)　　[6] 배울 학 (　　　)

[7] 살 활 (　　　)　　[8] 아우 제 (　　　)

[9] 그럴 연 (　　　)　　[10] 종이 지 (　　　)

정답 [1] ⑩　[2] ①　[3] ④　[4] ⑨
　　　[5] ⑤　[6] ⑦　[7] ⑥　[8] ⑧
　　　[9] ③　[10] ②

유형 ⑤ 뜻이 상대 또는 반대되는 한자 찾기

주어진 한자와 뜻이 상대 또는 반대되는 한자를 찾아낼 수 있는지 확인하는 유형. 전체 70문항 중에서 **2문항** 정도 출제

[문제 1~2] 다음 漢字(한자)의 상대 또는 반대되는 漢字(한자)를 〈보기〉에서 골라 그 번호를 쓰세요.

　　〈보기〉: ① 弟　　② 日　　③ 下　　④ 北

[1] 上 (　　　　)

[2] 兄 (　　　　)

> [대책] 반대자는 '上下'나 '手足'처럼 그대로 반대되는 뜻을 지닌 채 결합한 한자어들입니다. 이 유형은 시험에 출제되는 한자가 정해져 있기 때문에, 뜻이 상대 또는 반대되는 한자들(136~143쪽 참조)을 따로 익히도록 합니다.

정답 [1] ③ [2] ①

유형 ⑥ 한자어의 뜻 쓰기

한자어의 뜻을 알고 있는지 확인하는 유형. 전체 70문항 중에서 **2문항** 정도 출제

[문제 1~2] 다음 漢字語(한자어)의 뜻을 쓰세요.

[1] 校門 (　　　　　)

[2] 右手 (　　　　　)

> [대책] 한자어의 뜻을 묻는 문제는 보통 뜻이 분명하고 간단한 한자어가 주로 출제됩니다. 따라서 뜻이 분명하고 간단한 한자어 중심으로 공부하되, 뜻풀이가 비교적 복잡한 한자어는 뜻풀이를 간단하게 바꾸어 익히도록 합니다.

정답 [1] 학교의 문 [2] 오른손

유형 ⑦ 한자의 쓰는 순서 찾기

주어진 한자의 쓰는 순서를 정확히 알고 있는지 확인하는 유형. 전체 70문항 중에서 **2문항** 정도 출제

[문제 1~2] 다음 漢字(한자)의 진하게 표시된 획은 몇 번째에 쓰는지 〈보기〉에서 골라 그 번호를 쓰세요.

　〈보기〉: ① 첫 번째　② 두 번째　③ 세 번째　④ 네 번째
　　　　　⑤ 다섯 번째　⑥ 여섯 번째　⑦ 일곱 번째　⑧ 여덟 번째
　　　　　⑨ 아홉 번째　⑩ 열 번째

[1] 金 (　　　)　　[2] 東 (　　　)

> [대책] 반드시 '한국어문회'에서 제시한 필순(筆順: 쓰는 순서)대로 배정 한자를 쓰면서 익히도록 합니다.

정답 [1] ④ [2] ⑧

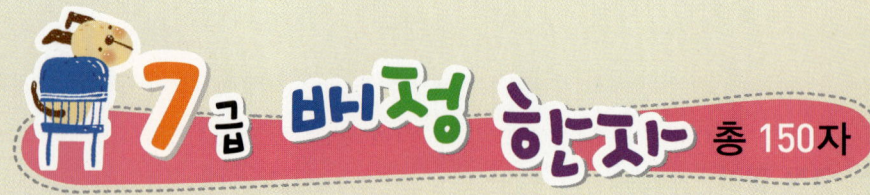

7급 배정 한자 총 150자

ㄱ	家	歌	間	江	車	工
	집 가	노래 가	사이 간	강 강	수레 거·차	장인 공
空	校	敎	口	九	國	軍
빌 공	학교 교	가르칠 교	입 구	아홉 구	나라 국	군사 군
金	氣	記	旗	ㄴ	南	男
쇠 금/성 김	기운 기	기록할 기	기 기		남녘 남	사내 남
內	女	年	農	ㄷ	答	大
안 내	계집 녀	해 년	농사 농		대답 답	큰 대
道	同	冬	東	洞	動	登
길 도	한가지 동	겨울 동	동녘 동	골 동/밝을 통	움직일 동	오를 등
ㄹ	來	力	老	六	里	林
	올 래	힘 력	늙을 로	여섯 륙	마을 리	수풀 림
立	ㅁ	萬	每	面	名	命
설 립		일만 만	매양 매	낯 면	이름 명	목숨 명
母	木	文	門	問	物	民
어미 모	나무 목	글월 문	문 문	물을 문	물건 물	백성 민

方	白	百	父	夫	北
모 **방**	흰 **백**	일백 **백**	아비 **부**	지아비 **부**	북녘 **북**
不	人	四	事	山	算	三
아닐 **불·부**		넉 **사**	일 **사**	메 **산**	셈 **산**	석 **삼**
上	色	生	西	夕	先	姓
윗 **상**	빛 **색**	날 **생**	서녘 **서**	저녁 **석**	먼저 **선**	성 **성**
世	小	少	所	水	手	數
인간 **세**	작을 **소**	적을 **소**	바 **소**	물 **수**	손 **수**	셈 **수**
市	時	食	植	室	心	十
저자 **시**	때 **시**	밥·먹을 **식**	심을 **식**	집 **실**	마음 **심**	열 **십**
	安	語	然	五	午	王
	편안 **안**	말씀 **어**	그럴 **연**	다섯 **오**	낮 **오**	임금 **왕**
外	右	月	有	育	邑	二
바깥 **외**	오른 **우**	달 **월**	있을 **유**	기를 **육**	고을 **읍**	두 **이**
人	一	日	入		自	子
사람 **인**	한 **일**	날 **일**	들 **입**		스스로 **자**	아들 **자**

7급 배정한자 총 150자

字	長	場	電	全	前	正
글자 자	긴 장	마당 장	번개 전	온전 전	앞 전	바를 정
弟	祖	足	左	主	住	中
아우 제	할아비 조	발 족	왼 좌	임금·주인 주	살 주	가운데 중
重	紙	地	直	集	川	千
무거울 중	종이 지	땅 지	곧을 직		내 천	일천 천
天	靑	草	寸	村	秋	春
하늘 천	푸를 청	풀 초	마디 촌	마을 촌	가을 추	봄 춘
出	七	E	土	兀	八	便
날 출	일곱 칠		흙 토		여덟 팔	편할 편/똥오줌 변
平	ㅎ	下	夏	學	韓	漢
평평할 평		아래 하	여름 하	배울 학	한국·나라 한	한수·한나라 한
海	兄	火	話	花	活	孝
바다 해	형 형	불 화	말씀 화	꽃 화	살 활	효도 효
後	休					
뒤 후	쉴 휴					

하나 배정 한자 익히기

7급에 배정된 **150자**의 한자들을 다음과 같이 **주제별**로 묶었어요.

배움	숫자	색·신체	방향·위치	가족·요일
사람 활동	시간	사람 성격·행정 구역	나라·사물·집
자연	사물 상태	사람	그 밖의 한자

한 글자 한 글자 자세히 공부해 보아요.

한자 쏙쏙~! '배움'과 관계있는 한자

한자를 한 글자 한 글자 자세히 공부해 보아요.

배울 **학**
부수: 子 | 총획: 16획

→ 배우다: 새로운 지식이나 교양을 얻다, 새로운 기술을 익히다.

`  F F F F F F 學 學 學`

이렇게 만들어졌군!

아들들(子)이 서당(冖)에서 두 손으로 책을 잡고(臼) 스승을 본받으며(爻) 글을 배운다는 데서 '배우다(學)'의 뜻을 나타냄.

이렇게 쓰이는군!

- 學年(학년): 수업하는 과목의 정도에 따라 일 년을 단위로 구분한 학교 교육 과정의 단계.
- 入學(입학): 학생이 되어 공부하기 위해 학교에 들어감.

학교 **교**
부수: 木 | 총획: 10획

`一 十 オ 木 木 术 栌 栌 校 校`

이렇게 만들어졌군!

木(나무 목)과 交(사귈 교)가 합쳐진 글자로, 구부러진 나무(木)를 엇갈려(交) 매어 잡는다는 데서 사람을 올바르게 인도하는 '학교'의 뜻을 나타냄.

이렇게 쓰이는군!

- 校歌(교가): 학교를 상징하는 노래.
- 母校(모교): 자기가 다니고 있거나 졸업한 학교.

가르칠 **교**
부수: 攵(攴) | 총획: 11획

→ 가르치다: 지식이나 기능, 이치 등을 깨닫거나 익히게 하다.

`ノ 乂 ゞ 爻 爻 爻 孝 孝 教 教`

이렇게 만들어졌군!

선생님이 한 손에 회초리를 들고 학생을 가르치는 모습을 표현한 글자로, '가르치다'의 뜻을 나타냄.

이렇게 쓰이는군!

- 教生(교생): 학교에서 학생을 가르치는 실습을 하는 사람.
- 教室(교실): 학교에서 수업이 이루어지는 방.

育

기를 육 부수: 肉(月) 총획: 8획

→ 기르다: 동식물을 보살펴 자라게 하다.

丶 亠 云 去 产 育 育 育

이렇게 만들어졌군!

태어난 아이를 보살펴 키운다는 데서 '기르다'의 뜻을 나타냄.

이렇게 쓰이는군!

- 教育(교육): 지식·기술 등을 가르치며 길러냄.
- 生育(생육): 낳아서 기름.

先

먼저 선 부수: 儿 총획: 6획

丿 一 十 生 步 先

→ 끝을 살짝 올려 쓰세요.

이렇게 만들어졌군!

어떤 사람보다 한 발짝 앞서 간 사람의 발자국 모습을 표현한 글자로, 앞서 간 사람이 먼저라는 데서 '먼저 나아가다'의 뜻을 나타냄.

이렇게 쓰이는군!

- 先金(선금): 값의 전부나 일부를 먼저 치름.
- 先天(선천): 태어나면서부터 몸에 지니고 있는 것.

生

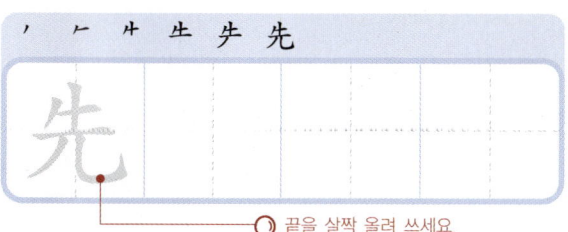

날 생 부수: 生 총획: 5획

→ 나다: 신체 표면이나 땅 위에 솟아나다.

丿 一 二 牛 生

→ 아래, 위 가로획보다 짧게 쓰세요.

이렇게 만들어졌군!

새싹이 땅 위로 돋아나서 자라는 모양을 본뜬 글자로, '낳다, 자라다'의 뜻을 나타냄.

이렇게 쓰이는군!

- 生長(생장): 나서 자라남.
- 自生(자생): 저절로 생겨남.

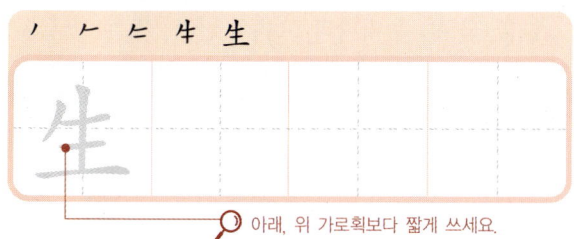

하나. 배정 한자 익히기 13

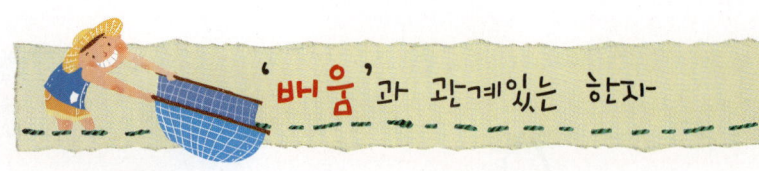

한자를 한 글자 한 글자 자세히 공부해 보아요.

글월 **문** | 부수: 文 | 총획: 4획

→ 글: 어떤 생각이나 일 등의 내용을 글자로 나타낸 기록이다.

`丶 一 ナ 文`

→ 삐침(丿)과 파임(乀) 획이 만날 때는 삐침을 먼저 쓰세요.

이렇게 만들어졌군!

본래의 뜻은 사람의 가슴이나 등에 먹물이나 물감으로 아름다운 무늬를 새겨 놓은 '문신'을 뜻하는 글자로, 후에 의미가 확장되어 '글월'의 뜻을 나타냄.

이렇게 쓰이는군!

- **文**人(문인): 시, 소설, 수필 등 글을 쓰는 사람.
- 天**文**(천문): 우주, 별에 관한 일체의 현상.

글자 **자** | 부수: 子 | 총획: 6획

`丶 丷 宀 宀 宁 字`

이렇게 만들어졌군!

宀(집 면)과 子(아들 자)가 합쳐진 글자로, 본래는 집(宀)에서 자식(子)을 기른다는 뜻이었음. 후에 자식이 불어나듯 글자가 불어난다는 데서 '글자'의 뜻으로 쓰임.

이렇게 쓰이는군!

- **字**間(자간): 쓰거나 인쇄한 글자와 글자 사이.
- 正**字**(정자): 바르고 또박또박 쓴 글자.

나라 **국** | 부수: 囗 | 총획: 11획

`丨 冂 冂 冃 冃 同 國 國 國 國`

이렇게 만들어졌군!

백성들이 무기를 들고 국경선 안의 나라를 지키는 모습을 표현한 글자로, '나라'의 뜻을 나타냄.

이렇게 쓰이는군!

- **國**文(국문): 우리나라 고유의 글자, 또는 그 글자로 쓴 글.
- 全**國**(전국): 나라 전체.

말씀 **어** | 부수: 言 | 총획: 14획

말씀: 남의 말을 높여 이르는 말.

言 言 言 言 言 訂 語 語 語 語

語

이렇게 만들어졌군!

言(말씀 언)과 吾(나 오)가 합쳐진 글자로, 사람들이 제각기 자기(吾)의 생각을 말한다(言)는 데서 '말씀'의 뜻을 나타냄.

이렇게 쓰이는군!

- 語氣(어기): 말하는 기운.
- 文語(문어): 글자로 나타낸 모든 말.

물을 **문** | 부수: 口 | 총획: 11획

묻다: 상대편의 대답이나 설명을 요구하는 내용으로 말하다.

｜ ｜' ｜'' 門 門 門 門 門 問 問

問

이렇게 만들어졌군!

門(문 문)과 口(입 구)가 합쳐진 글자로, 문(門)에 들어설 때에는 입(口)으로 안부를 묻는다는 데서 '묻다'의 뜻을 나타냄.

이렇게 쓰이는군!

- 問答(문답): 묻고 대답함.
- 不問(불문): 묻지 않음. 가리지 않음.

대답 **답** | 부수: 竹(⺮) | 총획: 12획

대답하다: 부르는 말에 응하여 어떤 말을 하다.

丿 ⺮ ⺮ ⺮⺮ 竺 答 答 答

答

이렇게 만들어졌군!

竹(대 죽)과 合(합할 합)이 합쳐진 글자로, 고대에는 종이 대신 평평한 대쪽(竹)에 편지를 써 보내면 내용에 부합(合)되게 답장한다는 데서 '대답하다'의 뜻을 나타냄.

이렇게 쓰이는군!

- 答紙(답지): 답을 적는 종이.
- 自答(자답): 스스로 대답함.

하나. 배정 한자 익히기

동화로 쏙쏙~!
다롱이, 학교에 가다!

동화를 읽으며 한자의 음을 써 보아요.

숲속 **나라**[國: 나라 ①]에 자그마한 다람쥐들이 살고 있어요.

다람쥐 마을에서 가장 자그마하게 **태어난**[生: 날 ②] 다롱이는

이제 막 **학교**[校: 학교 ③]에 갈 나이가 되었어요.

"우리 다롱이도 숲에서 살아남게 잘 **길러야**[育: 기를 ④] 해."

엄마는 걱정이 가득했지만 다롱이는 학교에 가는 것을 너무나

싫어하였어요.

"다람쥐가 **글**[文: 글월 ⑤]은 읽어서 뭐해?

그러자 엄마가 꾸짖으며 **말씀**[語: 말씀 ⑥]하셨어요.

"학교에서 열심히 **배워야**[學: 배울 ⑦] 숲에서 살아남을 수 있단다. 그래야 '어디에는

가지 말아라.' 라고 써 있는 것을 알아볼 수 있잖니!"

"**글자**[字: 글자 ⑧]를 몰라도 글씨처럼 써 있는 곳에는 안 가면 되죠!"

| 모범 답안 | 176 쪽

다롱이의 대답[答: 대답 ⑨]에 엄마는 한숨이 나왔지만 억지로라도 다롱이를 가르치기 [教: 가르칠 ⑩] 위해 학교에 보냈어요.

"네가 다롱이구나? 오늘은 먼저[先: 먼저 ⑪] 숲에서 도토리 줍기 연습을 해 보자!"

친구들은 모두 활기차게 '네' 하고 대답하였지만, 다롱이는 어쩔 수 없이 따라갔어요.

"얘들아, 도토리를 다 줍고 '너도밤나무광장' 표지판을 보고 따라오렴! 알았지?"

선생님 물음[問: 물을 ⑫]에 친구들은 모두 대답을 하였지만, 역시나 다롱이는 모른 체 하고 도토리만 찾았어요.

"와, 도토리 많다. 흥, 이런 건 다람쥐 학교에 안 다녀도 다 알 수 있다고!"

그런데 이게 웬일이지요? 어느 틈에 다롱이는 어두워진 숲에 혼자 남게 되고 말았어요.

"난 몰라! '너도밤나무광장'의 표지판이 어디에 있지? 난 읽지도 못하는데."

그런데 그때였어요. 다람쥐 학교 선생님이 다롱이 뒤에 서 계신 것이 아니겠어요.

"넌 아직 글을 모르잖니? 그래서 선생님이 뒤에 있었단다."

다롱이는 울음이 터져 나왔어요.

"으앙, 선생님. 이제부터 열심히 공부할게요."

선생님은 다롱이의 등을 토닥여 주셨어요.

게임으로 쏙쏙~!

🌀 다음 화면의 한자를 컴퓨터에 입력하려면 먼저 한자의 읽는 소리를 한글로 입력해야 해요. 똑똑이가 눌러야 할 버튼에 ○표 하세요.

| 모범 답안 | 176쪽

🌀 유진이는 매일매일 일기를 쓴답니다. 다음 한자 가운데 유진이의 일기 속에 숨어 있는 한자에는 ○표를, 해당하지 않는 한자에는 ×표를 하세요.

오늘 우리 반에 교생 선생님께서 새로 오셨다.
우리 학교를 졸업하셨다고 하셔서 너무 반가웠다.
말하기 듣기 시간에는 우리 분단 대표로 내가 발표를 하였는데 선생님께서

"유진이는 나중에 중학교에 가서 국어를 참 잘 하겠네."
라고 하시며 밝게 웃으셨다.
선생님께 칭찬을 받자 우리 분단 아이들은 교실이 떠나갈 정도로 박수를 쳐 주었다.

校 室 自
紙 教 先
氣 母
國
學 語
生

하나. 배정 한자 익히기

100점 만점에 100점

1 다음 漢字(한자)에 맞는 訓(훈: 뜻)과 音(음: 소리)을 연결하세요.

(1) 生 •　　　　　　　　　• (ㄱ) 나라 국
(2) 文 •　　　　　　　　　• (ㄴ) 날 생
(3) 字 •　　　　　　　　　• (ㄷ) 글월 문
(4) 國 •　　　　　　　　　• (ㄹ) 글자 자

2 다음 밑줄 친 漢字語(한자어)의 音(음: 소리)을 쓰세요.

(1) 중간중간에 희미하게 지워진 **文字**(　　)가 새겨져 있었다.
(2) 이 지역에서만 **自生**(　　)하는 식물이 매우 많았다.
(3) 아이들로 가득했던 **敎室**(　　)은 깨끗이 정리되었다.
(4) **學年**(　　)이 달라져도 둘의 우정은 변함이 없었다.

3 다음 빈칸에 맞는 漢字(한자)의 訓(훈: 뜻)을 쓰세요.

(1) 文人(　　 문,　　 인)
(2) 不問(　　 불,　　 문)
(3) 自答(　　 자,　　 답)
(4) 校歌(　　 교,　　 가)

4 다음 밑줄 친 낱말 뜻에 맞는 漢字(한자)를 보기에서 찾아 기호를 쓰세요.

| 보기 | (ㄱ) 學　　(ㄴ) 問　　(ㄷ) 語　　(ㄹ) 生 |

(1) 치료를 마친 그는 이젠 살 것 같다며 밝게 웃었다. (　　)
(2) 갑작스런 물음에 당황해 제대로 대답할 수 없었다. (　　)
(3) 어르신은 새로운 것을 배울 때 행복하다고 하신다. (　　)
(4) 선생님 말씀대로 노력한 결과 성적이 많이 올랐다. (　　)

| 모범 답안 | 176쪽

5 빈칸에 들어갈 漢字(한자)에 맞는 訓(훈: 뜻)과 音(음: 소리)을 보기에서 찾아 그 기호를 쓰세요.

> 보기
> (ㄱ) 대답 답   (ㄴ) 학교 교
> (ㄷ) 가르칠 교   (ㄹ) 나라 국

(1) 그는 자신에게 마치 변명하듯 계속 자문自□을 반복하고 있었다.
(2) 황금 천냥이 자식 □育만 못하다는 말의 뜻을 이해할 수 있었다.
(3) 재학생과 졸업생이 모두 한목소리로 □歌를 함께 불렀다.
(4) 봄을 맞아 올해에도 어김없이 全□에 황사 주의보가 내려졌다.

6 다음 낱말의 뜻에 맞는 漢字語(한자어)를 보기에서 찾아 그 기호를 쓰세요.

> 보기   (ㄱ) 問答   (ㄴ) 敎生   (ㄷ) 字間   (ㄹ) 生育

(1) 학교에서 학생을 가르치는 실습을 하는 사람. (   )
(2) 쓰거나 인쇄한 글자와 글자 사이. (   )
(3) 묻고 대답함. (   )
(4) 낳아서 기름. (   )

7 다음 밑줄 친 부분에 맞는 漢字語(한자어)를 漢字(한자)로 쓰세요.

(1) 시험 답지(□□)를 제출하지 않는 학생들이 많다.
(2) 국적은 바꿀 수 있겠지만 모교(□□)는 바꿀 수 없다.
(3) 첨성대는 천문(□□)을 관측하기 위한 획기적 건축물이었다.
(4) 교육(□□)이 바로서야 나라가 바로 선다.

한자 쏙쏙~! '숫자'와 관계있는 한자

한자를 한 글자 한 글자 자세히 공부해 보아요.

셈 산 부수: 竹(⺮) 총획: 14획
→ 셈하다 : 수를 세다.

ᅩ ᅩ ᅩ ᅩ 竺 笛 筲 筲 筲 算

이렇게 만들어졌군!

竹(대 죽)과 具(갖출 구)가 합쳐진 글자로, 양손에 대나무(竹)로 만든 산가지를 갖추어(具) 들고 수를 셈한다는 데서 '셈하다'의 뜻을 나타냄.

이렇게 쓰이는군!

- 算出(산출) : 계산하여 냄.
- 電算(전산) : 전자 계산의 줄임꼴. 컴퓨터.

셈 수 부수: 攴(攵) 총획: 15획

ᄀ ᄆ ᄅ 믐 書 婁 婁 婁 數 數

이렇게 만들어졌군!

婁(끌 루)와 攴(칠 복)이 합쳐진 글자로, 머리를 이중으로 틀어 올린 여자(婁)가 막대를 두드리며(攴) 셈을 한다는 데서 '셈하다'의 뜻을 나타냄.

이렇게 쓰이는군!

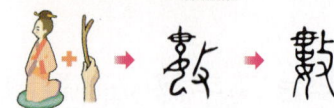

- 數日(수일) : 여러 날.
- 數學(수학) : 수나 양 및 공간의 도형 등에 관한 학문.

한 일 부수: 一 총획: 1획
→ 하나 : 아라비아 숫자로 '1'

이렇게 만들어졌군!

하나의 막대기 또는 한 개의 선을 그어 '하나'의 뜻을 나타냄.

이렇게 쓰이는군!

- 一方(일방) : 어느 한쪽, 또는 어느 한편.
- 一日(일일) : 하루.

두 이 부수: 二 | 총획: 2획
↳ 둘: 아라비아 숫자로 '2'

一 二

🔍 두 번째 획보다 짧게 쓰세요.

나란히 놓인 두 개의 막대기 또는 가로로 두 개의 선을 그어 '둘'의 뜻을 나타냄.

- 二月(이월): 한 해의 둘째 달.
- 二重(이중): 두 겹, 또는 두 번 거듭되거나 겹침.

석 삼 부수: 一 | 총획: 3획
↳ 삼: 아라비아 숫자로 '3'

一 二 三

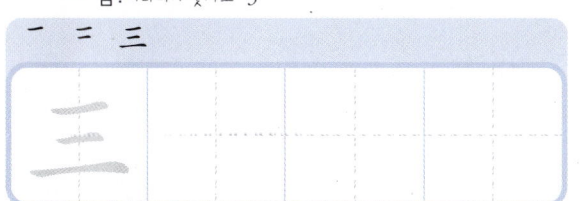

길이가 같은 세 개의 막대기 또는 가로로 세 개의 선을 그어 '셋'의 뜻을 나타냄.

- 三面(삼면): 세 방면.
- 三寸(삼촌): 아버지의 형제를 이르거나 부르는 말.

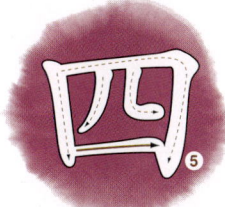

넉 사 부수: 口 | 총획: 5획
↳ 넷: 아라비아 숫자로 '4'

丨 冂 四 四 四

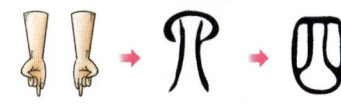

양 손의 손가락을 두 개씩 펴 '넷'의 뜻을 나타냄.

- 四大門(사대문): 조선 시대 때 도성의 동서남북에 세운 문.
- 四方(사방): 동서남북 네 방위를 아울러 이름.

하나. 배정 한자 익히기 **23**

 '숫자'와 관계있는 한자

한자를 한 글자 한 글자 자세히 공부해 보아요.

이렇게 만들어졌군!

두 개의 막대기를 엇갈리게 놓아 '다섯'의 뜻을 나타냄.

이렇게 쓰이는군!

- 五六月(오뉴월): 음력 오월과 유월이라는 뜻으로, 여름 한철을 이르는 말.
- 五色(오색): 다섯 가지의 빛깔. 파랑, 노랑, 빨강, 하양, 검정을 이르는 말. 여러 가지 빛깔.

다섯 오 │ 부수: 二 │ 총획: 4획

一 丅 五 五

이렇게 만들어졌군!

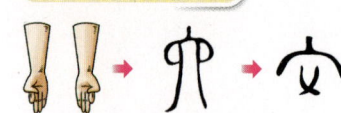

양 손의 손가락을 각각 세 개씩 펴 '여섯'의 뜻을 나타냄.

이렇게 쓰이는군!

여섯 륙 │ 부수: 八 │ 총획: 4획

'六'이 '六月'이나 '五六月'로 활용될 때에는 각각 '유월'과 '오뉴월'로 읽어요.

- 六年(육년): 여섯 해.
- 六學年(육학년): 초등학교에서 가장 높은 학년.

丶 一 亠 六

이렇게 만들어졌군!

칼로 벤 흔적을 본뜬 글자로, '일곱'의 뜻을 나타냄.

이렇게 쓰이는군!

일곱 칠 │ 부수: 一 │ 총획: 2획

- 七夕(칠석): 견우와 직녀가 만나는 음력 7월 7일.
- 七千(칠천): 7,000에 해당하는 수.

一 七

'七'과 '十'의 혼동을 피하기 위하여 아랫부분을 굽혀 썼어요.

여덟 팔 | 부수:八 | 총획:2획

'八'이 '初八日'로 활용될 때에는 '초파일'로 읽어요.

본래는 사물이 둘로 나뉘어져 서로 등지고 있는 모양을 본뜬 글자로, 후에 의미가 변하여 '여덟'의 뜻을 나타냄.

- 八道(팔도): 조선 시대에, 전국을 여덟 개로 나눈 행정 구역. 우리나라 전체를 이르는 말.
- 八方(팔방): 여러 방향이나 방면.

아홉 구 | 부수:乙 | 총획:2획

본래는 주먹을 쥐고 팔꿈치를 구부려 힘을 꽉 준 모양을 본뜬 글자로, 후에 의미가 변하여 '아홉'의 뜻을 나타냄.

- 九萬里(구만리): 아득하게 먼 거리를 비유적으로 이르는 말.
- 十中八九(십중팔구): 열 가운데 여덟이나 아홉 정도로 거의 대부분이거나 거의 틀림없음.

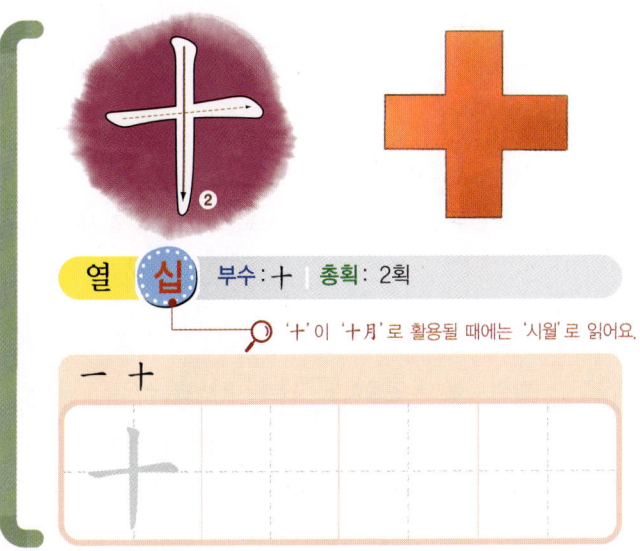

열 십 | 부수:十 | 총획:2획

'十'이 '十月'로 활용될 때에는 '시월'로 읽어요.

처음에는 세로로 놓인 막대기 모양을 본뜬 글자였다가 후에 가로선 하나를 추가하여 '열'의 뜻을 나타냄.

- 十里(십리): 약 4Km의 거리.
- 十字(십자): '十' 자와 같은 모양.

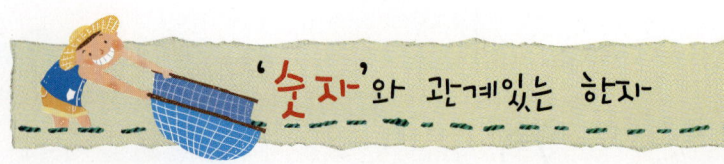

'숫자'와 관계있는 한자

한자를 한 글자 한 글자 자세히 공부해 보아요.

일백 **백**   부수: 白   총획: 6획
백: 아라비아 숫자로 '100'

一 丁 丆 丙 百 百

이렇게 만들어졌군!

一(한 일)과 白(흰 백)이 합쳐진 글자로, 白과 음이 비슷하기 때문에 白 위에 숫자를 표시하는 가로선을 그어서 '일백'의 뜻을 나타냄.

이렇게 쓰이는군!

- 百萬(백만): 만의 백 배가 되는 수.
- 百方(백방): 여러 가지 방법. 또는 온갖 수단과 방도.

일천 **천**   부수: 十   총획: 3획
천: 아라비아 숫자로 '1,000'

丿 二 千

이렇게 만들어졌군!

人(사람 인)과 一(한 일)이 합쳐진 글자로, 숫자 '일천'을 표현하기 어려워 소리가 비슷한 人자에 하나의 가로선을 덧붙이는 방법으로 '일천'의 뜻을 나타냄.

이렇게 쓰이는군!

- 千金(천금): 무수히 많은 돈.
- 千里(천리): 썩 먼 거리.

일만 **만**   부수: 艸(艹)   총획: 13획
만: 아라비아 숫자로 '10,000'

一 艹 艹 苎 苗 苗 苒 萬 萬 萬

이렇게 만들어졌군!

전갈의 두 집게 손과 몸, 꼬리를 본뜬 글자로, 곤충은 무리를 지어 산다는 데서 가장 많은 수인 '일만'의 뜻을 나타냄.

이렇게 쓰이는군!

- 萬一(만일): 혹시 있을지도 모르는 뜻밖의 경우.
- 萬全(만전): 완전하여 조금도 빠짐 없음.

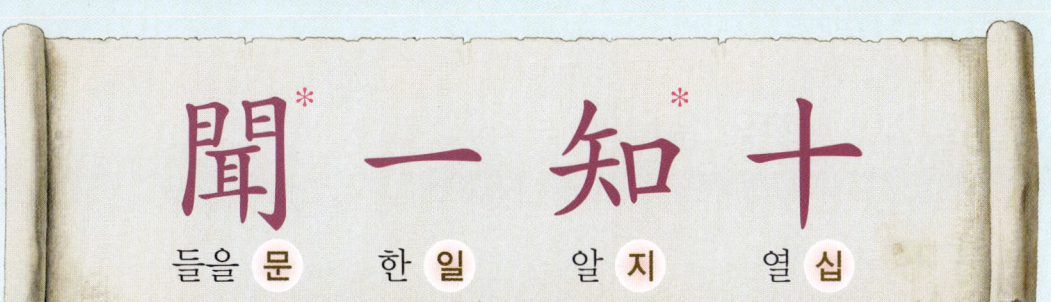

의미: '한 가지를 들으면 열 가지를 미루어 안다.'라는 뜻으로 총명하고 영리하다는 말이에요.

동화로 쏙쏙~!
손가락을 세어 봐

동화를 읽으며 한자의 음을 써 보아요.

어느 날, 검지 손가락 하나[一: 한 ①]가 불쑥 솟아났어요. 혼자인 검지 손가락은 외롭고 쓸쓸해서 친구를 보내달라고 기도를 했지요. 그러자 검지 손가락 옆으로 중지 손가락이 불쑥 솟았어요. 둘[二: 두 ②]은 신이 나서 재미있게 놀았어요.

한참을 놀던 두 친구 옆으로 갑자기 약지 손가락이 불쑥 솟았어요.

"얘들아, 같이 놀자!"

약지 손가락이 오자 셋[三: 석 ③]이 된 손가락들은 사이가 나빠지기 시작했어요. 중지 손가락이 약지 손가락하고만 놀았기 때문이죠. 화가 난 검지 손가락이 새 친구를 보내 달라고 다시 기도를 하자, 이번에는 엄지 손가락이 불쑥 솟아났어요. 손가락이 넷[四: 넉 ④]이 된 것이지요.

그러던 어느 날, 손가락들이 바닥에 떨어진 장갑을 발견하고는 서로 그 안으로 들어가겠다고 야단이었어요.

숫자와 관계있는 한자

| 모범 답안 | 176쪽

"어? 그런데 하나가 남잖아? 뭔가 이상해! 얼른 손가락 하나가 채워지면 좋겠어!"

그러자 막내 새끼 손가락이 솟아올라 다섯[五: 다섯 ⑤   ] 손가락이 완성되어 장갑 속으로 쏘옥 들어갔어요.

"뭐야, 뭐야. 나 늦은 거야? 난 들어갈 데가 없잖아."

여섯[六: 여섯 ⑥   ]번 째로 솟아오른 다른 손의 검지 손가락은 너무 외로웠어요.

그래서 첫 번째 검지 손가락이 한 것처럼 친구들을 불러 모았지요. 그러자 일곱[七: 일곱 ⑦   ], 여덟[八: 여덟 ⑧   ], 아홉[九: 아홉 ⑨   ], 열[十: 열 ⑩   ] 손가락이 되었어요.

친구가 많으면 많을수록 좋다는 것을 알게 된 손가락들은, 열 손가락이 모두 모인 것이 너무 기뻐서 박수를 치며 좋아했답니다.

이처럼 여러분의 친구가 열 명이 모이면 손가락은 백[百: 일백 ⑪   ] 개나 되고요. 백 명이 모이면 천[千: 일천 ⑫   ] 개의 손가락이 모이게 되지요. 그리고 천 명이 모인다면 만[萬: 일만 ⑬   ] 개의 손가락이 모이게 되는 거랍니다. 생각만해도 기쁘죠?

게임으로 쏙쏙~!

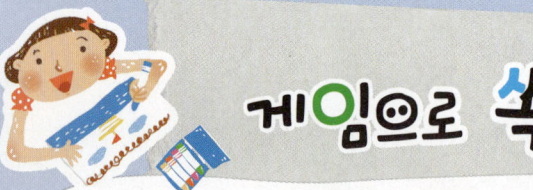

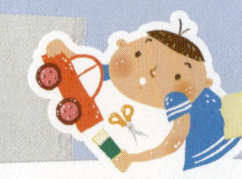

과일 가게에 맛있는 과일들이 놓여져 있어요. 그림의 과일 수와 맞는 한자 카드를 선으로 짝지어 보세요.

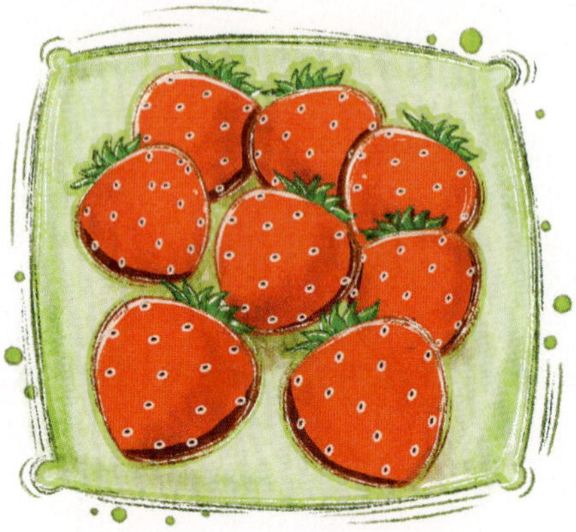

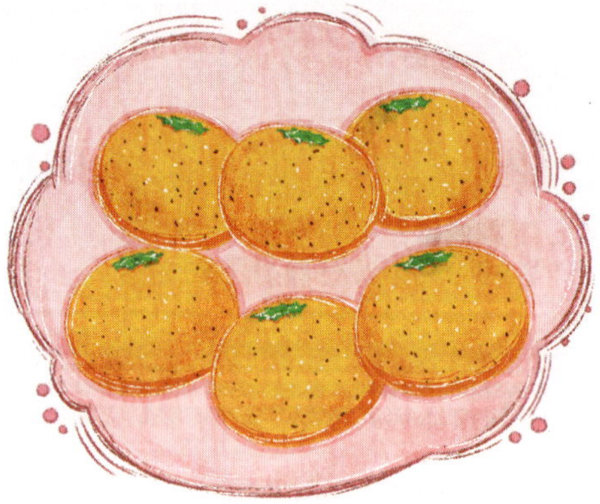

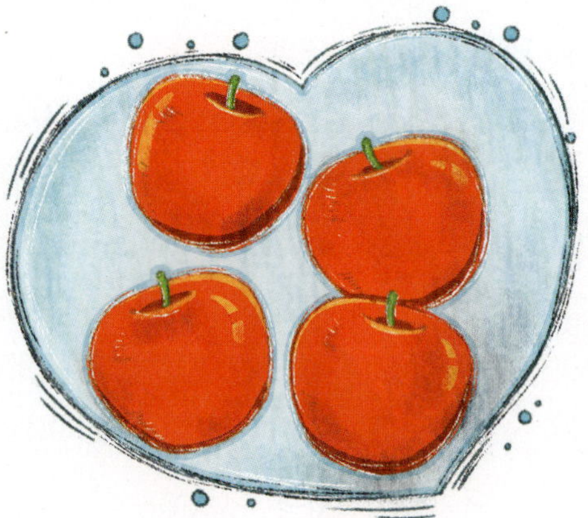

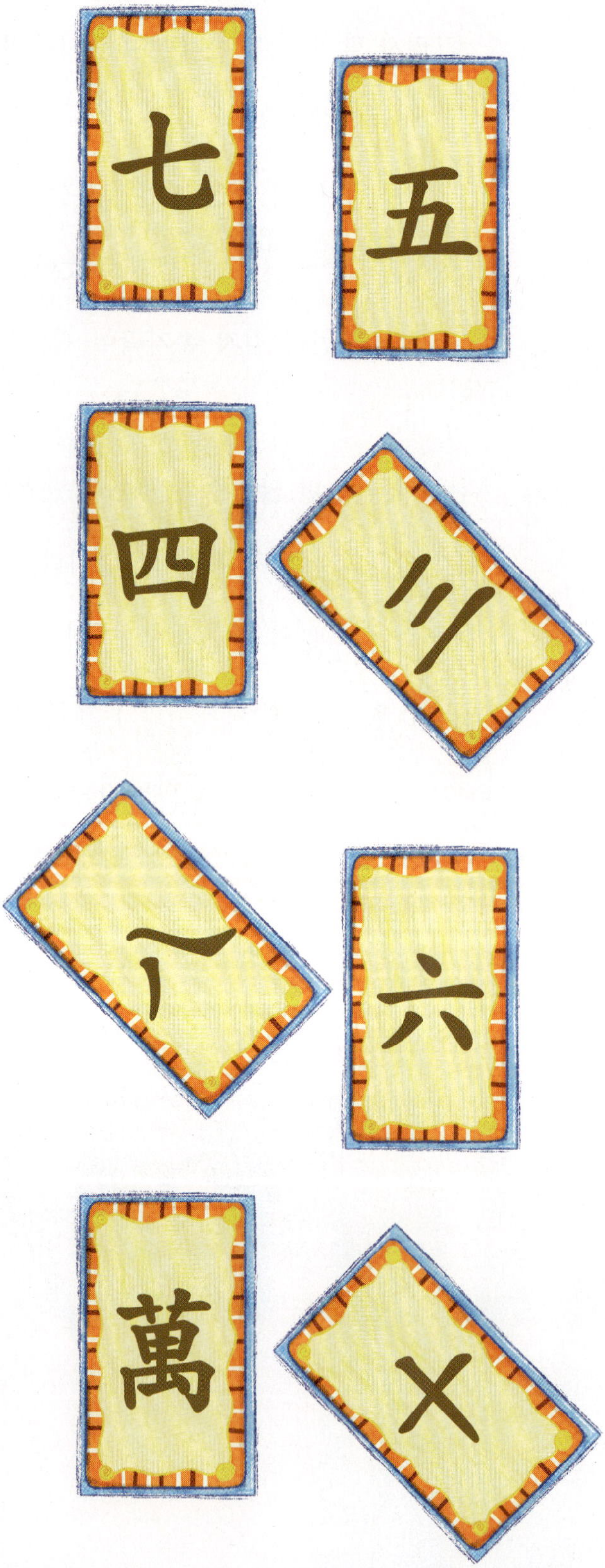

| 모범 답안 | 176 쪽

다애는 엄마의 심부름으로 슈퍼마켓에 갔어요. 얼마가 필요한지 한자로 적어 보세요.

이만 칠천 오백 구십원입니다.

₩27,590

돈을 어느 주머니에 넣었더라?

₩27,590

○○○○○○○○ 원이 필요합니다.

100점 만점에 100점

1 다음 漢字語(한자어)에 맞는 音(음: 소리)을 연결하세요.

(1) 百萬 ·   · (ㄱ) 백만
(2) 千年 ·   · (ㄴ) 수학
(3) 數學 ·   · (ㄷ) 천년
(4) 九重 ·   · (ㄹ) 구중

2 다음 밑줄 친 漢字語(한자어)의 音(음: 소리)을 쓰세요.

(1) 큰소리치던 그는 <u>十里</u>(☐☐)도 못 가서 포기하고 말았다.
(2) 행사 준비에 <u>萬全</u>(☐☐)을 기해 달라는 부탁도 잊지 않았다.
(3) <u>二八</u>(☐☐)청춘에 만나 결혼한 부부가 어느새 노인이 되었다.
(4) <u>五色</u>(☐☐)구름이 찬란한 가운데 새 한 마리가 지나간다.

3 다음 빈칸에 맞는 漢字(한자)의 訓(훈: 뜻)을 쓰세요.

(1) 七夕(☐ 칠, ☐ 석)
(2) 萬一(☐ 만, ☐ 일)
(3) 三寸(☐ 삼, ☐ 촌)
(4) 八方(☐ 팔, ☐ 방)

4 다음 밑줄 친 낱말 뜻에 맞는 漢字(한자)를 보기에서 찾아 기호를 쓰세요.

| 보기 | (ㄱ) 萬 | (ㄴ) 六 | (ㄷ) 數 | (ㄹ) 一 |

(1) 거리에서 <u>일만</u>원짜리 지폐를 주웠다.   (   )
(2) 그는 <u>셈</u>을 무척이나 잘한다.   (   )
(3) 어린 나이에 시집오신 할머니는 <u>여섯</u> 형제를 낳으셨다. (   )
(4) 우리의 마음이 <u>하나</u>로 뭉쳤다.   (   )

| 모범 답안 | 176쪽

5 빈칸에 들어갈 漢字(한자)에 맞는 訓(훈: 뜻)과 音(음: 소리)을 보기에서 찾아 그 기호를 쓰세요.

보기
(ㄱ) 일천 천   (ㄴ) 아홉 구
(ㄷ) 여덟 팔   (ㄹ) 열 십

(1) 우리나라는 사계절이 분명하여 그중 ☐二月은 겨울에 해당한다.
(2) 수다쟁이 친구는 우리의 비밀을 四方☐方 떠들고 다녔다.
(3) 우리 학급의 친구들은 十中八☐가 아침을 먹고 다녔다.
(4) 말 한마디에 ☐ 냥 빚을 갚는다고 할 만큼 말은 어떻게 하는가가 중요하다.

6 다음 낱말의 뜻에 맞는 漢字語(한자어)를 보기에서 찾아 그 기호를 쓰세요.

보기   (ㄱ) 同一   (ㄴ) 三寸   (ㄷ) 一方   (ㄹ) 百方

(1) 아버지의 형제를 이르는 말.   (   )
(2) 어느 한쪽.   (   )
(3) 여러 가지 방법.   (   )
(4) 어떤 것과 비교하여 똑같음.   (   )

7 다음 밑줄 친 부분에 맞는 漢字語(한자어)를 漢字(한자)로 쓰세요.

(1) 여자가 한을 품으면 <u>오뉴월</u>(☐☐)에도 서리가 내린다.
(2) 우리나라는 <u>삼면</u>(☐☐)이 바다로 둘러싸여 있다.
(3) 나는 <u>수학</u>(☐☐) 시간이 제일 싫다.
(4) 금고가 <u>이중</u>(☐☐)으로 잠겨져 있어 도둑이 들 염려가 없다.

한자 쏙쏙~! '색·신체'와 관계있는 한자

한자를 한 글자 한 글자 자세히 공부해 보아요.

| 빛 | 색 | 부수:色 | 총획:6획 |

`, ㄅ 夕 凢 名 色`

이렇게 만들어졌군!

사람이 무릎을 꿇고 나란히 앉아 있는 모양을 본뜬 글자로, 남녀의 돈독한 애정의 뜻을 나타냄. 후에 의미가 확장되어 '낯빛, 채색' 등을 뜻하게 됨.

이렇게 쓰이는군!

- 物色(물색): 물건의 빛깔. 쓸만한 사람이나 물건을 고르는 일.
- 正色(정색): 얼굴에 장난끼 없이 진지한 빛을 나타냄.

| 푸를 | 청 | 부수:靑 | 총획:8획 |

푸르다: 풀의 빛깔과 같이 밝고 선명하다.

`一 = ㄠ 圭 丰 青 青 青`

→ 가로획과 세로획이 만날 때는 가로획을 먼저 쓰세요.

이렇게 만들어졌군!

우물 난간 속의 물감(丹)을 가리키는 글자로, 푸른 풀빛의 물감이라는 뜻에서 '푸르다'의 뜻을 나타냄.

이렇게 쓰이는군!

- 青山(청산): 풀과 나무가 무성한 푸른 산.
- 青春(청춘): 새싹이 돋는 봄철. 인생의 젊은 나이 또는 그런 시절을 이르는 말.

| 흰 | 백 | 부수:白 | 총획:5획 |

`, ㄅ 冖 白 白`

이렇게 만들어졌군!

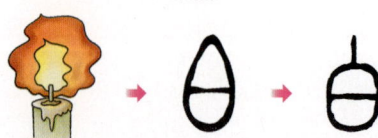

촛불의 심지 모양을 본뜬 글자로, 촛불을 켜면 주위가 밝기 때문에 '밝다'의 뜻을 나타냄.

이렇게 쓰이는군!

- 白人(백인): 피부색이 흰 인종의 사람.
- 空白(공백): 종이나 책 등에서 글씨나 그림이 없는 빈 곳. 아무것도 없이 비어 있음.

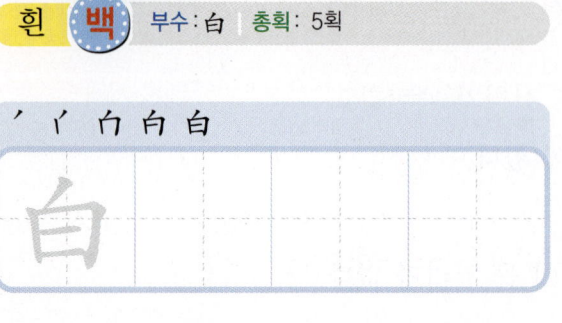

입 **구** | 부수: 口 | 총획: 3획

ㅣ 口 口

이렇게 만들어졌군!

사람의 벌린 입 모양을 본뜬 글자로, '입'의 뜻을 나타냄.

이렇게 쓰이는군!

- 口語(구어): 문장에서만 쓰는 특별한 말이 아닌, 일상적인 대화에서 쓰는 말.
- 人口(인구): 일정한 지역에 사는 사람의 수.

손 **수** | 부수: 手(扌) | 총획: 4획

'手'가 부수로 쓰여 왼쪽(변)에 올 때에는 '扌'의 꼴을 취해요.

ㅡ 二 三 手

이렇게 만들어졌군!

다섯 손가락을 편 한 손의 모양을 본뜬 글자로, '손'의 뜻을 나타냄.

이렇게 쓰이는군!

- 手記(수기): 자기의 생활이나 체험을 직접 쓴 기록.
- 下手(하수): 남보다 낮은 재주나 솜씨. 또는 그런 솜씨를 가진 사람.

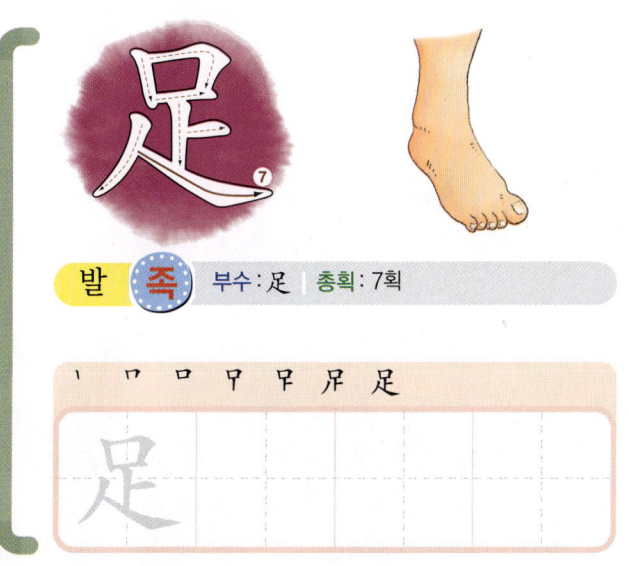

발 **족** | 부수: 足 | 총획: 7획

ㅣ 口 口 무 무 足 足

이렇게 만들어졌군!

발 전체의 모양을 본뜬 글자로, '발'의 뜻을 나타냄.

이렇게 쓰이는군!

- 不足(부족): 필요한 양이나 기준에 미치지 못해 충분하지 아니함.
- 自足(자족): 스스로 넉넉함을 느낌. 필요한 물건을 자기 스스로 충족시킴.

동화로 쏙쏙~!
꾀병을 고쳐 주는 병원

동화를 읽으며 한자의 음을 써 보아요.

승재는 학교에 가기가 싫었어요.

학교에 갈 때가 되었는 데도 일어나지 않자, 엄마가 승재 방에 들어와 보시고는 승재의 푸른[靑: 푸를 ❶]듯한 얼굴을 보고 깜짝 놀라셨어요.

"승재야, 어디 아파? 얼굴 빛[色: 빛 ❷]이 왜 그러니?"

승재는 더욱더 얼굴을 찌푸리면서 연기하기 시작했어요.

"엄마, 너무 아파요."

엄마는 승재에게 학교에 가지 말고 푹 쉬라며 걱정스러운 얼굴로 방을 나가셨어요. 그러자 학교를 가지 않아도 된다는 생각에 승재는 기분이 너무 좋았어요. 그런데 조금 후에 들어오신 엄마는 옷을 차려입고 계셨어요.

"승재야, 병원에 가자. 얼른!"

'그래, 어차피 꾀병인데 주사도 안 맞은 것이고, 약도 안 먹겠지. 갔다 와서 푹 쉬어야지!'

색 · 신체와 관계있는 한자

| 모범 답안 | 176쪽

승재는 신이 나서 엄마를 따라 나섰어요. 그런데 병원에 도착해서 흰[白: 흰 ③   ] 가운을 입은 의사 선생님을 보자 가슴이 콩닥콩닥 거렸어요. 왠지 죄를 짓는 기분이었지요.

"입[口: 입 ④   ]을 아, 하고 벌려 보세요."

의사 선생님께서는 승재의 입을 심각하게 바라보시며 말씀하셨어요.

"아무래도 장에 탈이 난 것 같습니다. 열도 있고, 손[手: 손 ⑤   ]도 발[足: 발 ⑥   ]도 차갑고 말이에요. 이 주사 한 방 맞을까요? 효과가 아주 좋거든요!"

주사 바늘은 유난히 크고 길었어요. 그것을 본 승재의 얼굴이 백지장처럼 하얗게 변했어요.

"선생님! 이제 안 아파요! 진짜 안 아파요! 꾀병이라구요!"

그러자 엄마와 의사 선생님이 모두 웃으셨답니다.

게임으로 쏙쏙~!

늑순이가 늑돌이에게 선물할 예쁜 옷을 만들고 있어요. 한자를 따라 점을 잇고, 훈과 음이 바르게 쓰인 옷의 ◯를 색칠하세요.

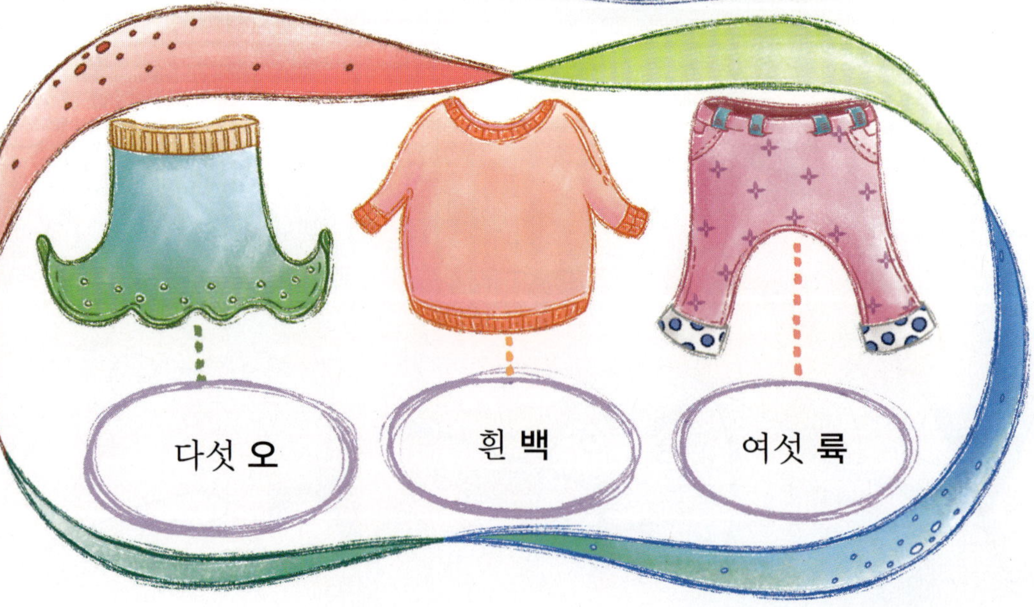

어서 만들어서 늑돌이 입혀야지.

白 白 白 白 白 白 白 白 白 白 白

다섯 오   흰 백   여섯 륙

| 모범 답안 | 176쪽

🌀 공주가 'ㅁ', '手', '足'이란 한자의 훈과 음이 너무 궁금하던 차에, 'ㅁ → 手 → 足'의 순서대로 길을 따라가 성에 도착하면 확인할 수 있다는 것을 알았어요. 한자의 순서대로 길을 따라 가 볼까요?

빨리 가서 확인해 보고 싶어.

口 手 足 口 口
口 手 口 足 手
足 足 口 手 足
口 足 手 口 手
手 足 口 足 手

口 입구   手 손수   足 발족

하나. 배정 한자 익히기

100점 만점에 100점

1 다음 漢字語(한자어)에 맞는 音(음: 소리)을 연결하세요.

(1) 空白 •　　　　　　　　　• (ㄱ) 정색
(2) 正色 •　　　　　　　　　• (ㄴ) 인구
(3) 不足 •　　　　　　　　　• (ㄷ) 부족
(4) 人口 •　　　　　　　　　• (ㄹ) 공백

2 다음 밑줄 친 漢字語(한자어)의 音(음: 소리)을 쓰세요.

(1) 할아버지는 아직도 마음만은 靑春(　　)이라고 하셨다.

(2) 한때 白人(　　)들은 흑인들과 함께 공부하는 것을 꺼려했다.

(3) 아버지는 올여름 피서지를 物色(　　)하느라 분주하시다.

(4) 바둑은 내가 더 잘 두지만 장기는 내가 下手(　　)이다.

3 다음 빈칸에 맞는 漢字(한자)의 訓(훈: 뜻)을 쓰세요.

(1) 手記(　수, 　　기)
(2) 口語(　구, 　어)
(3) 一色(　일, 　색)
(4) 靑山(　　청, 　산)

4 다음 밑줄 친 낱말 뜻에 맞는 漢字(한자)를 보기 에서 찾아 기호를 쓰세요.

| 보기 | (ㄱ) 色 | (ㄴ) 手 | (ㄷ) 白 | (ㄹ) 口 |

(1) 그들을 태운 배는 하얀 물보라를 일으키며 사라졌다. (　　)
(2) 소식을 접한 어머니의 낯빛이 갑자기 어두워졌다. (　　)
(3) 저마다 제 입을 막고 웃음을 참느라 정신이 없었다. (　　)
(4) 멀리서 다가오는 아버지에게 반갑게 손을 흔들었다. (　　)

5 빈칸에 들어갈 漢字(한자)에 맞는 訓(훈: 뜻)과 音(음: 소리)을 보기에서 찾아 그 기호를 쓰세요.

> 보기
> (ㄱ) 푸를 청   (ㄴ) 손 수
> (ㄷ) 흰 백   (ㄹ) 사람 인

(1) 도로에서 사람들은 □色 신호에 횡단보도를 건너야 한다.
(2) 병이 악화됨에 따라 결국 □足이 마비되는 상황이 되어 버렸다.
(3) 몇 해 전만해도 이 도시는 □口가 만 명도 안 되는 작은 도시였다.
(4) 영호는 의문나는 점을 모두 책의 空□에 빠짐없이 적어 두었다.

6 다음 낱말의 뜻에 맞는 漢字語(한자어)를 보기에서 찾아 그 기호를 쓰세요.

> 보기   (ㄱ) 口語   (ㄴ) 白紙   (ㄷ) 下手   (ㄹ) 正色

(1) 남보다 낮은 재주나 솜씨.   (   )
(2) 아무것도 적지 않은 비어 있는 종이.   (   )
(3) 얼굴에 장난끼 없이 진지한 빛을 나타냄.   (   )
(4) 문장에서만 쓰는 특별한 말이 아닌, 일상적인 대화에서 쓰는 말. (   )

7 다음 밑줄 친 부분에 맞는 漢字語(한자어)를 漢字(한자)로 쓰세요.

(1) 여행하며 겪은 체험 <u>수기</u>(□□)가 뽑혀 상을 받았다.
(2) 그는 처지를 비관하지 않고 <u>자족</u>(□□)하며 살아갔다.
(3) 이른 아침부터 마을 입구에는 <u>오색</u>(□□) 깃발이 나부꼈다.
(4) 소년의 숨겨진 선행이 드러나 <u>만인</u>(□□)의 칭찬을 받았다.

한자 쏙쏙~! '방향·위치'와 관계있는 한자

한자를 한 글자 한 글자 자세히 공부해 보아요.

동녘 **동** | 부수: 木 | 총획: 8획
→ 동쪽: 네 방위의 하나. 해가 떠오르는 쪽.

一 厂 厂 百 百 申 東 東

이렇게 만들어졌군!

나뭇가지(木) 사이에서 태양이 나오는 형태로, 해(日)가 뜨는 방향이 동쪽이라는 데서 '동쪽'의 뜻을 나타냄.

이렇게 쓰이는군!

- 東山(동산): 동쪽에 있는 산.
- 東海(동해): 우리나라 동쪽의 바다.

서녘 **서** | 부수: 西 | 총획: 6획
→ 서쪽: 네 방위의 하나. 해가 지는 쪽.

一 厂 厅 丙 西 西

이렇게 만들어졌군!

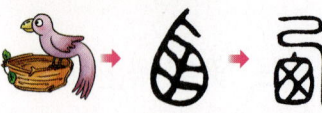

새가 둥지에 돌아오는 모양을 본뜬 글자로, 해가 서쪽으로 넘어갈 때에 새가 둥지로 돌아온다는 데서 '서쪽'의 뜻을 나타냄.

이렇게 쓰이는군!

- 西方(서방): 서쪽 지방. 서유럽의 자유주의 국가.
- 東西(동서): 동쪽과 서쪽.

남녘 **남** | 부수: 十 | 총획: 9획
→ 남쪽: 네 방위의 하나. 나침반의 에스(S)극이 가리키는 방위.

一 十 十 冇 冇 丙 南 南 南

이렇게 만들어졌군!

고대 중국 남쪽의 민족이 사용하였다는 데서 '남쪽'의 뜻을 나타냄.

이렇게 쓰이는군!

- 南國(남국): 남쪽에 있는 나라.
- 南韓(남한): 남북으로 갈라진 한국의 남쪽 땅.

北

| 북녘 | 북 | 부수: 匕 | 총획: 5획 |

↳ 북쪽: 네 방위의 하나. 나침반의 엔(N) 극이 가리키는 방위.

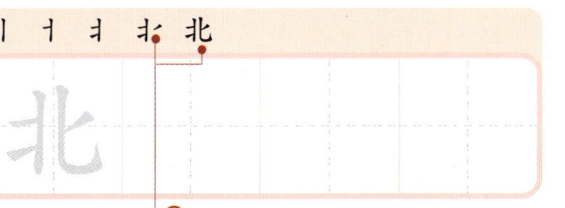

네 번째 획과 다섯 번째 획의 쓰는 순서에 주의하세요.

이렇게 만들어졌군!

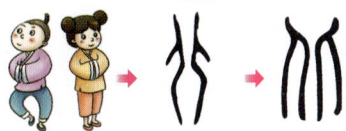

두 사람이 서로 등지고 있는 모습을 본뜬 글자로, 사람은 보통 빛이 드는 남쪽을 향하므로 등진 쪽은 북쪽을 가리키는 데서 '북쪽'의 뜻을 나타냄.

이렇게 쓰이는군!

- 北上(북상): 북쪽을 향하여 올라감.
- 南北(남북): 남쪽과 북쪽을 아울러 이르는 말.

前

| 앞 | 전 | 부수: 刀(刂) | 총획: 9획 |

이렇게 만들어졌군!

본래는 배(舟) 위에 발(止)을 하나 그려서 배가 앞으로 나아가고 있음을 뜻하는 글자로, 후에 刀(칼 도)를 더해 '앞'의 뜻을 나타냄.

이렇게 쓰이는군!

- 前生(전생): 이 세상에 태어나기 이전의 생애.
- 事前(사전): 어떤 일이 일어나기 전 또는 일을 시작하기 전.

後

| 뒤 | 후 | 부수: 彳 | 총획: 9획 |

↳ '前'과 반대되는 뜻이에요.

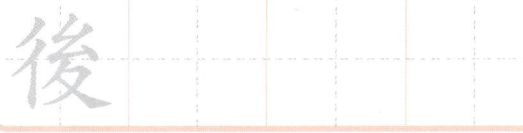

이렇게 만들어졌군!

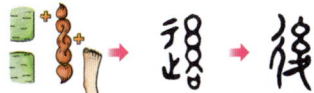

彳(갈 척)과 幺(작을 요)와 夊(뒤져올 치)가 합쳐진 글자로, 길을 갈 때에 걸음이 더뎌 뒤쳐진다는 데서 '뒤'의 뜻을 나타냄.

이렇게 쓰이는군!

- 後記(후기): 본문 끝에 덧붙여 기록함. 뒷날의 기록.
- 午後(오후): 정오부터 밤 12시까지의 시간.

'방향·위치'와 관계있는 한자

한자를 한 글자 한 글자 자세히 공부해 보아요.

왼 **좌** 부수:工 | 총획:5획
→ 왼쪽

一ナナ广左

> 가로획이 짧고 삐침이 긴 글자는 가로획을 먼저 쓰세요.

이렇게 만들어졌군!

본래는 왼손의 모양을 본뜬 글자로, 후에 工(장인 공)이 덧붙여져 왼손에 공구(工)를 쥐고 오른손이 하는 일을 돕는다는 데서 '왼손'의 뜻을 나타냄.

이렇게 쓰이는군!

- 左手(좌수): 왼쪽 손.
- 左心室(좌심실): 심장의 왼쪽 아래에 있는 방.

오른 **우** 부수:口 | 총획:5획
→ 오른쪽

ノナナ右右

이렇게 만들어졌군!

본래는 오른손의 모양을 본뜬 글자로, 후에 口(입 구)가 덧붙여져 입(口)에 밥을 넣는 손(又)은 오른손이라는 데서 '오른쪽'의 뜻을 나타냄.

이렇게 쓰이는군!

- 右方(우방): 오른쪽.
- 左右(좌우): 왼쪽과 오른쪽. 어떤 일에 영향을 주어 지배함.

윗 **상** 부수:一 | 총획:3획

丨卜上

이렇게 만들어졌군!

긴 선은 기준선을, 위의 짧은 선은 기준선보다 위임을 두 개의 가로선으로 표시하여 '위'의 뜻을 나타냄.

이렇게 쓰이는군!

- 上空(상공): 높은 하늘. 어느 지역의 위에 있는 공중.
- 海上(해상): 바다의 위.

아래 하 부수: 一 총획: 3획

一 丁 下

이렇게 만들어졌군!

 → 二 → 下

긴 선은 기준선을, 아래의 짧은 선은 기준선보다 아래임을 두 개의 가로선으로 표시하여 '아래'의 뜻을 나타냄. 후에 의미가 확장되어 '내려가다'는 뜻도 갖게 됨.

이렇게 쓰이는군!

- 下水(하수): 빗물이나 집, 공장 등에서 쓰고 버리는 물.
- 天下(천하): 하늘 아래 온 세상.

안 내 부수: 入 총획: 4획

丨 冂 内 內

세 번째 획과 네 번째 획에 주의하여 쓰세요.

이렇게 만들어졌군!

 →  → 內

冂(멀 경)과 入(들 입)이 합쳐진 글자로, 冂은 집의 모양을 본떠 집(冂) 안으로 들어간다는 (入)데서 '안'의 뜻을 나타냄.

이렇게 쓰이는군!

- 內面(내면): 안쪽 면. 밖으로 드러나지 아니하는 사람의 속마음.
- 內外(내외): 안과 바깥. 부부간을 이르는 말.

바깥 외 부수: 夕 총획: 5획

이렇게 만들어졌군!

夕(저녁 석)과 卜(점 복)이 합쳐진 글자로, 운수를 판단하는 점 (卜)은 보통 아침에 치는데 저녁(夕)에 치는 것은 정도에 벗어났다는 데서 '바깥'의 뜻을 나타냄.

이렇게 쓰이는군!

- 外家(외가): 어머니의 친정.
- 場外(장외): 어떠한 곳의 바깥.

하나. 배정 한자 익히기 **45**

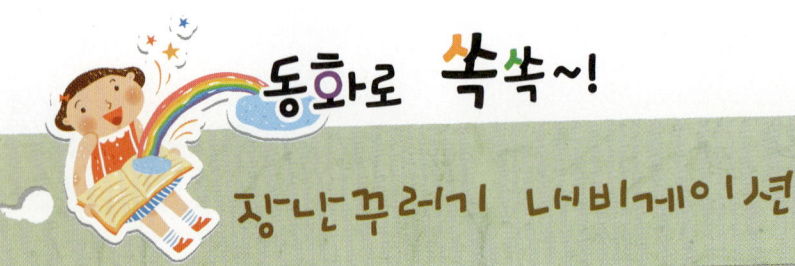

동화를 읽으며 한자의 음을 써 보아요.

민수 아빠의 차 안[內: 안 ①]에는 길을 안내해 주는 내비게이션이 있어요. 내비게이션은 매일 똑같은 말을 하니 심심했지요. '오른쪽[右: 오른 ②]으로 가세요.' 하면 오른쪽으로 가고, '왼쪽[左: 왼 ③]으로 가세요.' 하면 왼쪽으로 가는 사람들을 보면서 가끔은 '앞[前: 앞 ④]으로 가세요.' 대신 '뒤[後: 뒤 ⑤]로 가세요.'라고도 해보고 싶었거든요. 그래서 내비게이션은 서쪽[西: 서녘 ⑥]으로 가야 할 때는 '동쪽[東: 동녘 ⑦]으로 가세요.'라고 말하고, 남쪽[南: 남녘 ⑧]으로 가야 할 때는 '북쪽[北: 북녘 ⑨]으로 가세요.'라고 말했어요.

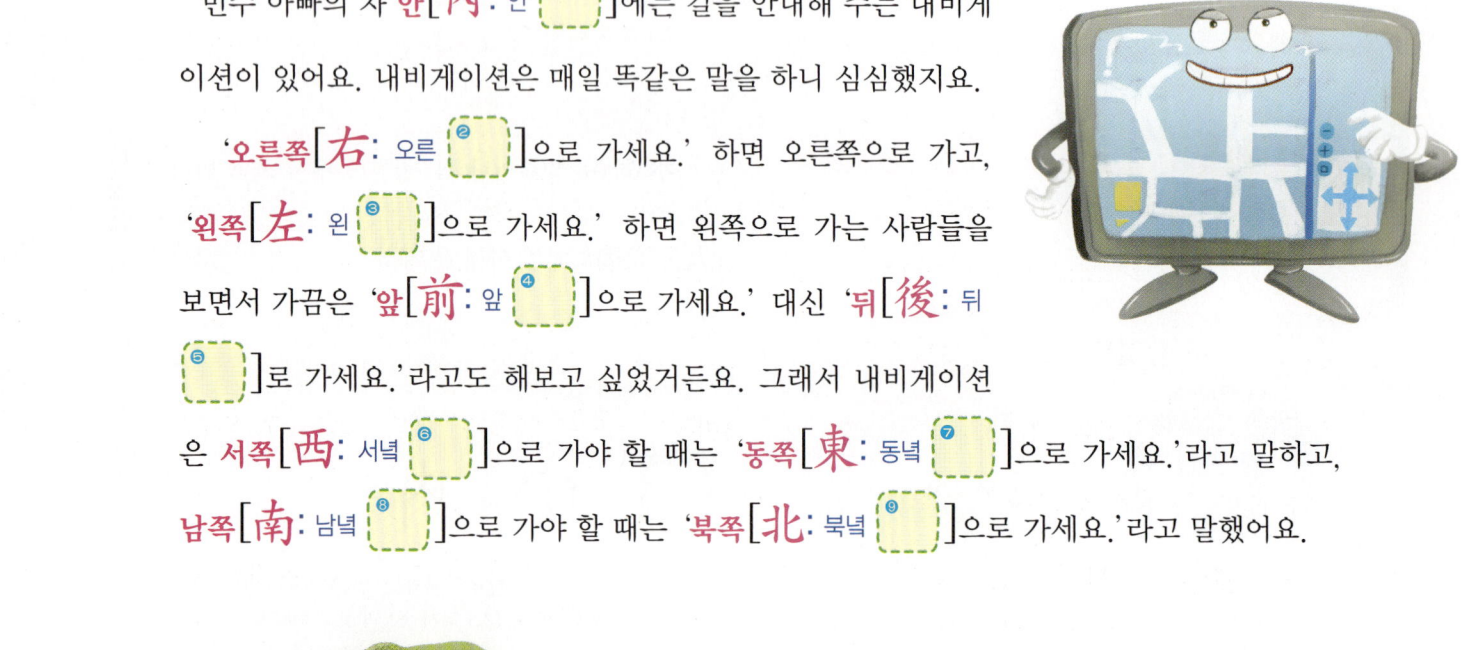

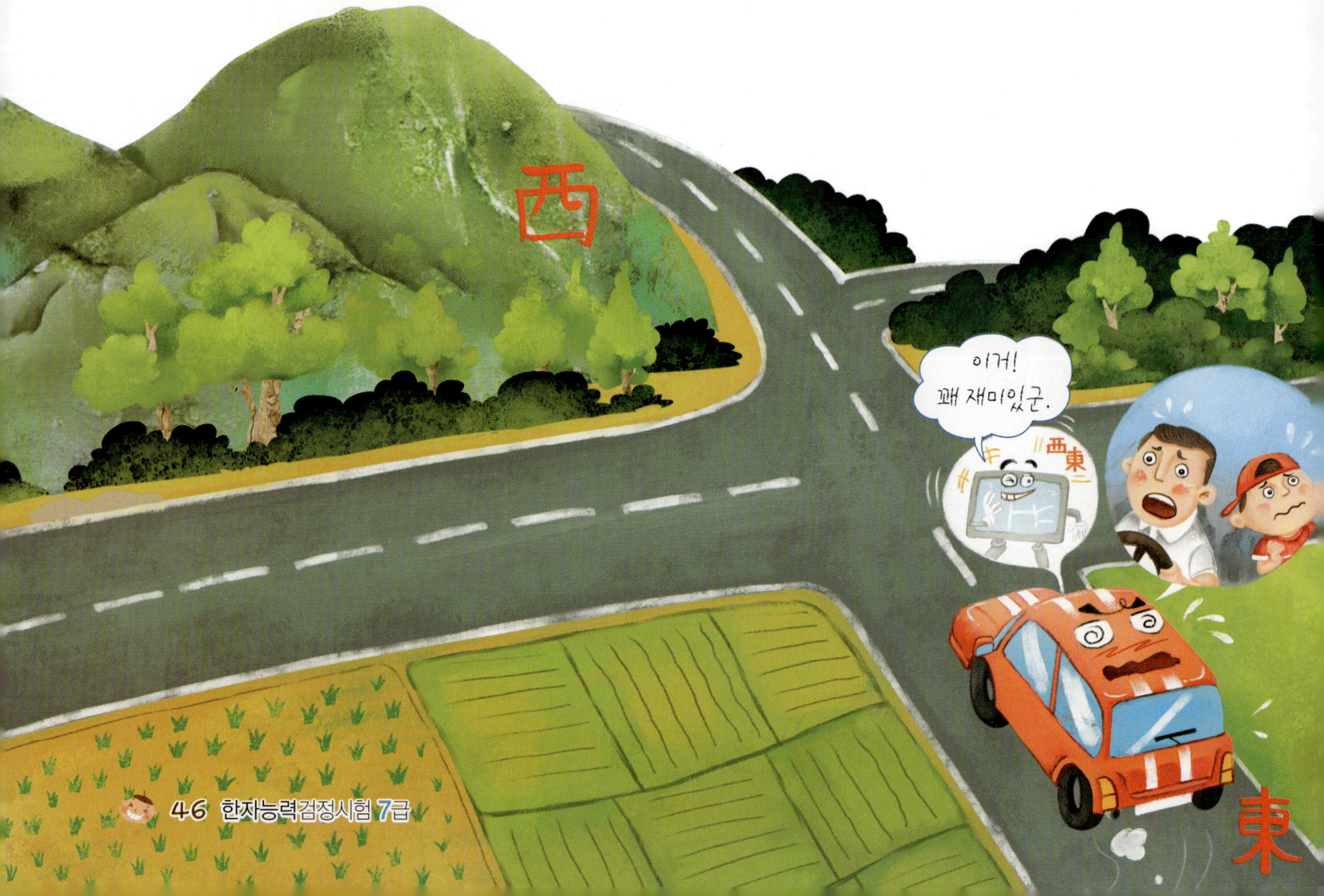

방향·위치와 관계있는 한자

민수 아빠는 고개를 갸웃거리면서도 내비게이션이 알려 주는대로 북쪽으로 갔어요.

"아빠, 놀이동산에는 언제 도착해요?"

"글쎄 말이다. 내비게이션이 안내해 주는 대로 가는데 이상한 곳이 나오네?"

민수 아빠는 표지판을 보고 길을 찾으려고 위[上: 윗 ⑩   ]로 올라갔어요. 하지만 내비게이션은 다시 아래[下: 아래 ⑪   ] 방향으로 안내를 했지요.

"아빠, 이상해요. 내비게이션이 자꾸만 바깥[外: 바깥 ⑫   ]으로만 가게 하잖아요!"

"그러게 말이다. 내비게이션이 자꾸 장난을 치네! 민수 너처럼!"

그러자 민수는 낄낄대면서 웃었어요.

"그럼 내비게이션도 나처럼 심심했나 보네? 내비게이션아, 심심하면 장난 그만하고 우리랑 같이 놀이동산에 가자!"

민수의 말에 기분이 좋아진 내비게이션은 장난을 그만 치기로 하고, 바르게 길을 안내하여 놀이동산에 갔답니다.

게임으로 쏙쏙~!

🌀 일기 예보를 보고 빈칸에 어울리는 낱말을 **보기**에서 골라 쓰세요.

날씨를 말씀드리겠어요! 짹짹!

이 주의 날씨

월요일	☀
화요일	⛅
수요일	☁
목요일	☂ 10mm 내외
금요일	⛅
토요일	☂ 30mm 내외
일요일	☀

구름아, 놀자.

1. 우리나라에 비가 예상되는 지역은 □□이다.
2. 금요일 □□로는 비가 올 예정이다.
3. 토요일 내릴 비의 양은 30mm □□이다.

보기   內外   東海   前後

| 모범 답안 | 177쪽

🌀 철수가 태장이에게 다음과 같이 쪽지를 보냈어요. 태장이가 집까지 바르게 찾아 갈 수 있도록 쪽지에 적힌 방향대로 길을 따라 가 보세요.

태장아, 오늘 우리 집에서 숙제 같이 하지 않을래?

우리 동네에는 공사도 하고 무서운 개도 많아서 잘 찾아와야 해.

버스에 내려서 아래 적힌 방향대로 찾아오면 우리 집이 보일 거야. 조심해서 와.

北 → 西 → 北 → 東 → 東 → 北 → 西

하나. 배정 한자 익히기

100점 만점에 100점

1 다음 漢字語(한자어)에 맞는 音(음: 소리)을 연결하세요.

(1) 下水 •   • ㈀ 서방
(2) 北上 •   • ㈁ 북상
(3) 左手 •   • ㈂ 좌수
(4) 西方 •   • ㈃ 하수

2 다음 밑줄 친 漢字語(한자어)의 音(음: 소리)을 쓰세요.

(1) 이 산맥을 기준으로 지역이 東西(　　)로 나뉘었다.
(2) 준석이의 행동으로 보아 어떤 변화가 그의 內面(　　)에 일어나고 있다.
(3) 오늘 午後(　　)부터 또 한 번 큰 추위가 찾아올 예정이다.
(4) 오랜만에 外家(　　)에 와서 너무 좋다.

3 다음 빈칸에 맞는 漢字(한자)의 訓(훈: 뜻)을 쓰세요.

(1) 上空(　 상, 　 공)
(2) 東海(　　 동, 　　 해)
(3) 左手(　 좌, 　 수)
(4) 場外(　　 장, 　　 외)

4 다음 밑줄 친 낱말 뜻에 맞는 漢字(한자)를 보기에서 찾아 기호를 쓰세요.

| 보기 | ㈀ 後 | ㈁ 內 | ㈂ 左 | ㈃ 南 |

(1) 집 안에서 나온 사내는 뒤도 돌아보지 않고 뛰었다. (　　)
(2) 사진 속 여인은 왼쪽으로 고개를 돌리고 있었다. (　　)
(3) 왜적이 도망간 후 남쪽 바닷가를 되찾을 수 있었다. (　　)
(4) 여러 번 이야기를 나눈 뒤에야 이해할 수 있었다. (　　)

5 빈칸에 들어갈 漢字(한자)에 맞는 訓(훈: 뜻)과 音(음: 소리)을 보기에서 찾아 그 기호를 쓰세요.

> 보기 ㈀ 아래 하   ㈁ 앞 전
>   ㈂ 오른 우   ㈃ 북녘 북

(1) 강으로 생활 ☐水가 그대로 흘러들어 오염이 심각했다.

(2) 꿈에서 깬 나는 마치 내 ☐生을 경험하고 돌아온 느낌이었다.

(3) 어릴 때 버릇이 한 사람의 평생 습관을 左☐할 수 있다.

(4) 온 국민이 평화로운 南☐ 통일을 기원하며 살아가고 있다.

6 다음 낱말의 뜻에 맞는 漢字語(한자어)를 보기에서 찾아 그 기호를 쓰세요.

> 보기 ㈀ 南韓   ㈁ 天下   ㈂ 事前   ㈃ 左右

(1) 왼쪽과 오른쪽. 어떤 일에 영향을 주어 지배함. (   )

(2) 하늘 아래 온 세상. (   )

(3) 남북으로 갈라진 한국의 남쪽 땅. (   )

(4) 어떤 일이 일어나기 전. 또는 일을 시작하기 전. (   )

7 다음 밑줄 친 부분에 맞는 漢字語(한자어)를 漢字(한자)로 쓰세요.

(1) 결국 <u>좌심실</u>(☐☐)에 난 혹이 갑작스런 죽음의 이유였다.

(2) 지진으로 건물 <u>내외</u>(☐☐) 벽에 금이 간 곳이 많이 생겼다.

(3) 전 <u>해상</u>(☐☐)이 흐리고 파도가 높게 칠 것으로 예상된다.

(4) 이 도시는 교통이 발달한 <u>남도</u>(☐☐) 제일의 도시이다.

한자 쏙쏙~! '가족·요일'과 관계있는 한자

한자를 한 글자 한 글자 자세히 공부해 보아요.

아비 부   부수: 父   총획: 4획
→ 아비: '아버지'의 낮춤말.

`ノ ハ グ 父`

이렇게 만들어졌군!

한 손으로 돌도끼를 잡고 있는 모습을 본뜬 글자로, 돌도끼를 잡고 일하는 사람이라는 데서 '아버지'의 뜻을 나타냄.

이렇게 쓰이는군!
- 父子(부자): 아버지와 아들.
- 祖父(조부): 할아버지.

어미 모   부수: 母(毋)   총획: 5획
→ 어미: '어머니'의 낮춤말.

`ㄴ ㄗ 贝 母 母`

이렇게 만들어졌군!

한 여자가 무릎을 꿇고 앉아 아이에게 젖을 먹이는 모습을 본뜬 글자로, 아이에게 젖을 먹이는 여자라는 데서 '어머니'의 뜻을 나타냄.

이렇게 쓰이는군!
- 母國(모국): 자신이 태어난 나라. 흔히 외국에 나가 있는 사람이 자기 나라를 가리킬 때에 이르는 말.
- 老母(노모): 늙으신 어머니.

🔍 글자 전체를 꿰뚫는 획은 나중에 쓰세요.

형 형   부수: 儿   총획: 5획

`ノ ㄇ ㅁ 尸 兄`

이렇게 만들어졌군!

사람 모습 위에 크게 벌린 입이 있는 모양을 본뜬 글자로, 집 안에서 동생들을 말로 타이르고 지도하는 사람이라는 데서 '형'의 뜻을 나타냄.

이렇게 쓰이는군!
- 兄弟(형제): 형과 아우.
- 兄夫(형부): 언니의 남편.

아우 제   부수: 弓   총획: 7획

아우: 주로 남동생을 이르는 말.

丶 丷 ⺍ ⺍ 肖 弟 弟

이렇게 만들어졌군!

하나의 말뚝 위에 새끼를 둘러 맨 모양을 본뜬 글자로, 새끼를 맬 때에는 반드시 차례대로 한다는 데서 형제간의 순서인 '아우 동생'의 뜻을 나타냄.

이렇게 쓰이는군!

- 弟子(제자): 스승에게 가르침을 받는 사람.
- 子弟(자제): 남의 자식을 높여 이르는 말.

할아비 조   부수: 示   총획: 10획

할아비: '할아버지'의 낮춤말.

一 ニ 千 千 禾 利 利 剂 袓 祖

이렇게 만들어졌군!

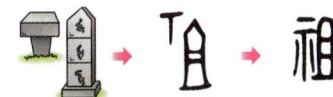

조상에게 제사 지내는 사당에 위패와 제기가 놓여 있는 모양을 본뜬 글자로, 제물을 바쳐 제사 지내는 대상인 '조상(할아버지)'의 뜻을 나타냄.

이렇게 쓰이는군!

- 祖上(조상): 돌아간 어버이 위로 대대의 어른.
- 先祖(선조): 먼 윗대의 조상.

아들 자   부수: 子   총획: 3획

了 了 子

이렇게 만들어졌군!

머리와 손이 있고 두 다리는 강보에 싸여 있는 아기의 모습을 본뜬 글자로, 강보에 싼 아기라는 데서 '자식(아들)'의 뜻을 나타냄.

이렇게 쓰이는군!

- 子女(자녀): 아들과 딸.
- 長子(장자): 맏아들.

하나. 배정 한자 익히기   53

'가족·요일'과 관계있는 한자

한자를 한 글자 한 글자 자세히 공부해 보아요.

달 월 부수: 月 총획: 4획

丿 几 月 月

초승달의 모양을 본뜬 글자로, '달'의 뜻을 나타냄.

● 이렇게 쓰이는군!

- 月間(월간): 한 달 동안.
- 正月(정월): 음력으로 한 해의 첫째 달.

불 화 부수: 火 총획: 4획

'火'가 부수로 쓰여 아랫부분(발)에 올 때에는 '灬'의 꼴을 취해요.

丶 丷 ナ 火

불이 활활 타오르는 모양을 본뜬 글자로, '불'의 뜻을 나타냄.

● 이렇게 쓰이는군!

- 火氣(화기): 불의 뜨거운 기운.
- 火力(화력): 불이 탈 때에 내는 열의 힘.

물 수 부수: 水 총획: 4획

'水'가 부수로 쓰여 왼쪽(변)에 올 때에는 '氵'의 꼴을 취해요.

丨 亅 才 水

물이 끊임없이 흐르고 있는 모양을 본뜬 글자로, '물'의 뜻을 나타냄.

● 이렇게 쓰이는군!

- 水中(수중): 물속.
- 食水(식수): 먹을 용도의 물.

나무 목 부수:木 총획:4획

一 十 才 木

木

한 그루의 나무가 우뚝 서 있는 모양을 본뜬 글자로, '나무'의 뜻을 나타냄.

- 木工(목공): 나무를 다루어 물건을 만드는 일.
- 木手(목수): 나무를 다루어 집을 짓거나, 가구 등을 만드는 일을 하는 사람.

쇠 금 성 김 부수:金 총획:8획

뜻이 '쇠'로 쓰일 때에는 '금', '성'으로 쓰일 때에는 '김'으로 읽어요.

ノ 人 ᄉ ᄉ 今 全 余 金

金

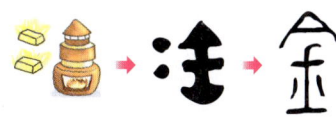

두 덩어리의 쇳덩이와 그것을 녹이는 도가니 모양을 본뜬 글자로, '쇠'의 뜻을 나타냄.

- 金色(금색): 현금과 같이 광택이 나는 누런색.
- 千金(천금): 많은 돈이나 비싼 값을 비유적으로 이르는 말. 아주 귀중한 것을 비유석으로 이르는 말.

흙 토 부수:土 총획:3획

一 十 土

土

땅 위에 한 무더기의 흙이 있는 모양을 본뜬 글자로, '흙'의 뜻을 나타냄.

- 土地(토지): 땅이나 흙을 이름.
- 國土(국토): 나라의 땅.

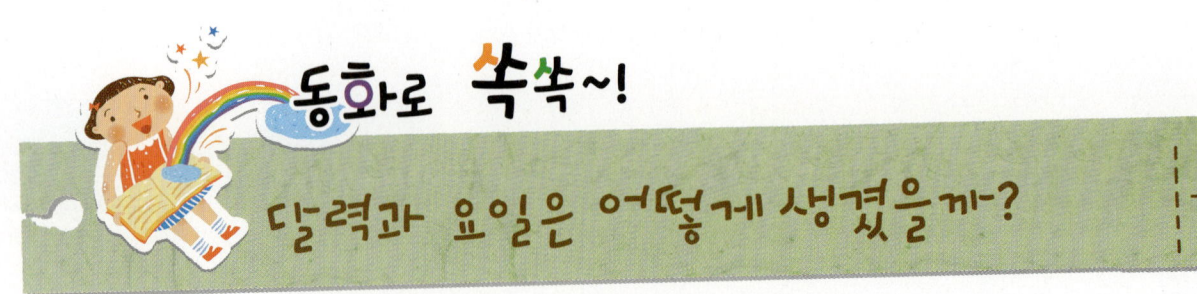

동화로 쏙쏙~! 달력과 요일은 어떻게 생겼을까?

동화를 읽으며 한자의 음을 써 보아요.

달력을 만드는 사람들은 한 장 안에 30일까지 담으려고 하니 무엇부터 써야 할지 고민이 되었어요.

"7자는 우리 **할아버지**[祖: 할아비 ❶]가 좋아하셨으니까 가장 앞으로 보내야지."

"우리 **아빠**[父: 아비 ❷]가 좋아하는 3자는 두 번째, **엄마**[母: 어미 ❸]가 좋아하는 2자는 세 번째, 그 다음엔 **형**[兄: 형 ❹]이 좋아하는 12, **동생**[弟: 아우 ❺]이 좋아하는 30을 써넣어야겠어."

그런데 이렇게 정하다보니 달력의 순서가 '7, 3, 2, 12, 30, 28'으로 아주 엉망진창이 되었지요. 그래서 보기 편하게 다시 1부터 30까지 쓰고 7일씩 4주로 나누어 놓았어요.

그러자 또 다른 고민이 생겼어요.

하루마다 숫자로 이름을 붙였는데, 분단에게도 이름을 붙여 주어야 할 것 같았어요.

그래서 달력을 만드는 사람들은 곰곰이 생각하였지요.

가족·요일과 관계있는 한자

| 모범 답안 | 177쪽

"달[月: 달 ⑥   ]님에게 소원을 비는 날, 월요일이라고 짓자."

"소원을 비느라 달님을 쳐다보면 얼굴이 불[火: 불 ⑦   ]처럼 뜨거워 지겠지? 그럼 그 다음날은 화요일이라고 짓자. 그리고 뜨거운 얼굴을 식히는 데는 물[水: 물 ⑧   ]이 필요해. 그러니까 화요일 다음은 수요일이라고 짓자."

달력을 만드는 사람들은 '물은 나무[木: 나무 ⑨   ]에게 필요해서 목요일', '나무는 황금[金: 쇠 ⑩   ]처럼 귀해서 금요일'이라고 지었어요. 그리고 '이 모든 것은 흙[土: 흙 ⑪   ]이 있어야 가능한 것이어서 토요일'이라고 지었지요.

"아, 이제 하루만 남았나? 이 날은 밝은 태양 빛을 만끽하면서 놀러갈 수 있게 일요일이라고 짓자."

이렇게 해서 달력에는 1부터 30일까지 차례대로 쓰여지고, 월요일부터 일요일까지 요일들도 생겨나게 되었답니다.

하나. 배정 한자 익히기

수현이는 매달 달력에 해야 할 일들은 꼼꼼히 적는답니다. 달력을 보고 다음 물음의 빈칸에 알맞은 한자를 쓰세요.

1. 편지 쓰기를 해야 하는 날은 첫째 주 ☐요일입니다.

2. 둘째 주 ☐요일에는 숙제 검사가 있습니다.

3. 한자 시험은 셋째 주 ☐요일에 있습니다.

4. 가족 여행은 넷째 주 ☐요일에 떠납니다.

5. 이 달 水요일 날짜 수를 모두 더하면?

   ☐ + ☐ + ☐ + ☐ = ☐

| 모범 답안 | 177 쪽

✎ 다음은 민수네 가족입니다. 아래 퍼즐을 보고 가족 구성원을 가리키는 한자어를 알맞게 써 보세요.

할아버지 ☐   아들 ☐   할머니 ☐

어머니 ☐   딸 ☐   아버지 ☐

형 ☐   아우 ☐

祖父	祖母
父	母
兄	弟
子	女

하나. 배정 한자 익히기

100점 만점에 100점

1 다음 漢字語(한자어)에 맞는 音(음: 소리)을 연결하세요.

(1) 兄弟 ·　　　　　　　　　　　· ㉠ 월간
(2) 月間 ·　　　　　　　　　　　· ㉡ 토지
(3) 土地 ·　　　　　　　　　　　· ㉢ 형제
(4) 先祖 ·　　　　　　　　　　　· ㉣ 선조

2 다음 밑줄 친 漢字語(한자어)의 音(음: 소리)을 쓰세요.

(1) 외국에 나가면 <u>母國</u>(　　)을 사랑하는 마음이 커진다.
(2) 자네가 그 분의 <u>子弟</u>(　　)라는 사실이 믿기지가 않는군.
(3) <u>正月</u>(　　)인데도 기온이 영상이라 날이 매우 포근하였다.
(4) 내가 호수로 던진 돌멩이가 깊은 <u>水中</u>(　　)으로 가라앉았다.

3 다음 빈칸에 맞는 漢字(한자)의 訓(훈: 뜻)을 쓰세요.

(1) 兄夫(　 형, 　　 부)
(2) 弟子(　　 제, 　　 자)
(3) 木工(　　 목, 　　 공)
(4) 國土(　　 국, 　 토)

4 다음 밑줄 친 낱말 뜻에 맞는 漢字(한자)를 보기에서 찾아 기호를 쓰세요.

보기	㉠ 祖　　㉡ 水　　㉢ 兄　　㉣ 弟

(1) 그릇에 가득 고인 <u>물</u>이 주르륵 흘러 내렸다.　　　　(　　)
(2) 마치 <u>할아버지</u> 감투를 손자가 쓴 듯 우스꽝스러웠다.　(　　)
(3) 작년부터 <u>아우</u>의 키가 나보다 커서 어른스러워 보였다.　(　　)
(4) <u>형</u>은 언제나 나를 자상하고 너그럽게 대했다.　　　(　　)

5 빈칸에 들어갈 漢字(한자)에 맞는 訓(훈: 뜻)과 音(음: 소리)을 보기에서 찾아 그 기호를 쓰세요.

> 보기
> ㈀ 나무 목　　㈁ 불 화
> ㈂ 흙 토　　㈃ 아들 자

(1) 농사를 지으려면 우선 ☐地에 대한 애정이 있어야 한다.
(2) 삼촌은 산에서 나무를 구해 깎으면서 ☐工을 배웠다고 한다.
(3) 단단한 쇠가 엄청난 ☐氣를 이기지 못하고 녹아내렸다.
(4) 옆집 父☐는 휴일마다 함께 등산을 한다.

6 다음 낱말의 뜻에 맞는 漢字語(한자어)를 보기에서 찾아 그 기호를 쓰세요.

> 보기　㈀ 長子　㈁ 木手　㈂ 千金　㈃ 金色

(1) 나무를 다루어 집을 짓는 일을 하는 사람.　(　　　)
(2) 황금에서 나는 누런 빛깔.　(　　　)
(3) 많은 돈이나 비싼 값.　(　　　)
(4) 맏아들.　(　　　)

7 다음 밑줄 친 부분에 맞는 漢字語(한자어)를 漢字(한자)로 쓰세요.

(1) 60세의 아들이 90세 노모(☐☐)를 모시고 살고 있었다.
(2) 명절이 되면 조상(☐☐)의 묘를 찾아가 보는 것이 마땅하다.
(3) 물난리를 당한 주민들이 식수(☐☐)가 부족해 걱정하고 있다.
(4) 많은 학부모(☐☐☐)들이 담임 선생님의 열정에 놀라워했다.

한자 쏙쏙~! '사람 활동'과 관계있는 한자

한자를 한 글자 한 글자 자세히 공부해 보아요.

| 노래 | 가 | 부수: 欠 | 총획: 14획 |

一 亠 丁 可 哥 哥 哥 歌 歌 歌

이렇게 만들어졌군!

哥(소리 가)와 欠(하품 흠)이 합쳐진 글자로, 입을 벌리고 (欠) 소리 내어 (哥) 노래를 부른다는 데서 '노래하다'의 뜻을 나타냄.

이렇게 쓰이는군!

- 歌手(가수) : 노래 부르는 것을 직업으로 삼는 사람.
- 軍歌(군가) : 군인의 사기를 높이기 위하여 부르는 노래.

| 움직일 | 동 | 부수: 力 | 총획: 11획 |
→ 움직이다

丿 匚 匚 冃 冃 重 重 重 動 動

이렇게 만들어졌군!

重(무거울 중)과 力(힘 력)이 합쳐진 글자로, 무거운(重) 물건을 힘들여(力) 들면 움직인다는 데서 '움직이다'의 뜻을 나타냄.

이렇게 쓰이는군!

- 動力(동력) : 전기 또는 자연에 있는 에너지를 쓰기 위하여 기계적인 에너지로 바꾼 것.
- 動物(동물) : 식물과 달리 움직이는 생명체.

| 오를 | 등 | 부수: 癶 | 총획: 12획 |
→ 오르다 : 사람이나 동물 등이 아래에서 위쪽으로 움직여 가다.

丿 ㄱ ㄱ' ㄱ" 癶 癶 癶 登 登 登

이렇게 만들어졌군!

癶(걸음 발)과 豆(제기 두)가 합쳐진 글자로, 두 손으로 제기(豆)를 받들어 제단 위로 걸어(癶) 올라간다는 데서 '오르다'의 뜻을 나타냄.

이렇게 쓰이는군!

- 登校(등교) : 학생이 학교에 감.
- 登場(등장) : 무대 등에 나옴. 새로운 현상이나 인물 등이 세상에 처음으로 나옴.

올 래 | 부수: 人 | 총획: 8획
→ 오다

원래 음은 '래'이나 첫 음에 올 경우 두음 법칙에 의해 'ㄹ'이 'ㄴ'으로 발음되어요.

一 ア ア ヲ ヲ 來 來 來

이렇게 만들어졌군!

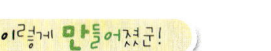

본래는 보리의 이삭 모양을 본뜬 글자로, 후에 의미가 변하여 '오다'의 뜻을 나타냄.

이렇게 쓰이는군!

- 來日(내일): 오늘의 바로 다음 날.
- 外來(외래): 밖에서 옴. 또는 다른 나라에서 옴.

설 립 | 부수: 立 | 총획: 5획
→ 서다

丶 一 亠 亣 立

이렇게 만들어졌군!

한 사람이 두 다리를 벌리고 땅 위에 서 있는 모양을 본뜬 글자로, '서다'의 뜻을 나타냄.

이렇게 쓰이는군!

- 國立(국립): 나라에서 세우고 관리함.
- 中立(중립): 치우치지 않고 가운데 섬.

밥·먹을 식 | 부수: 食 | 총획: 9획

丿 人 人 今 今 今 仒 食 食

이렇게 만들어졌군!

음식물이 담겨진 그릇의 모양을 본뜬 글자로, 동사로 쓰이면 '먹다'의 뜻을, 명사로 쓰이면 '밥'의 뜻을 나타냄.

이렇게 쓰이는군!

- 食事(식사): 밥 먹는 일 또는 그 음식.
- 間食(간식): 끼니와 끼니 사이에 음식을 먹음. 또는 그 음식.

하나. 배정 한자 익히기 **63**

'사람 활동'과 관계있는 한자

한자를 한 글자 한 글자 자세히 공부해 보아요.

들 **입** | 부수: 入 | 총획: 2획
→ 들다: 밖에서 속이나 안으로 향해 가거나 오거나 하다.

ノ 入

화살촉이나 칼처럼 생긴 날카로운 물건의 모양을 본뜬 글자로, 이들은 다른 물체 안으로 쉽게 파고 들어갈 수 있다는 데서 '들어가다'의 뜻을 나타냄.

- 入手(입수): 손에 들어옴. 또는 손에 넣음.
- 記入(기입): 수첩이나 문서 등에 적어 넣음.

날 **출** | 부수: 凵 | 총획: 5획
→ 나가다: 안에서 밖으로 이동하다.

丨 屮 屮 出 出

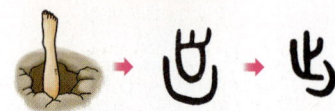

한 발이 동굴 밖으로 나가는 모습을 본뜬 글자로, '나가다'의 뜻을 나타냄. 고대인들은 동굴 속에서 살았기 때문에 이런 뜻이 생겨남.

- 出國(출국): 나라의 국경 밖으로 나감.
- 外出(외출): 집이나 근무지 등에서 벗어나 잠시 밖으로 나감.

쉴 **휴** | 부수: 人(亻) | 총획: 6획
→ 쉬다: 피로를 풀려고 몸을 편안히 두다.

ノ 亻 亻 什 休 休

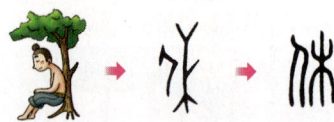

人(사람 인)과 木(나무 목)이 합쳐진 글자로, 한 사람(人)이 나무(木) 그늘 밑에서 쉬고 있다는 데서 '쉬다'의 뜻을 나타냄.

- 休校(휴교): 학교가 학생을 가르치는 업무를 한 동안 쉼.
- 休日(휴일): 일요일이나 공휴일 등과 같이 일을 하지 않고 쉬는 날.

심을 식 부수: 木 총획: 12획

→ 심다: 초목의 뿌리나 씨앗 등을 흙 속에 묻다.

一 十 十 木 木 栉 栉 桔 桔 植 植 植

植

이렇게 만들어졌군!

 +  →

木(나무 목)과 直(곧을 직)이 합쳐진 글자로, 나무(木)를 심을 때에는 곧게(直) 세워서 심는다는 데서 '심다, 세우다'의 뜻을 나타냄.

이렇게 쓰이는군!

- 植木(식목): 나무를 심음. 또는 그 나무.
- 植物(식물): 뿌리, 잎, 줄기로 산소를 배출하고 광합성을 하는 생물체.

기록할 기 부수: 言 총획: 10획

→ 기록하다: 주로 후일에 남길 목적으로 어떤 사실을 적다.

丶 亠 亠 言 言 言 言 訁 訒 記 記

記

이렇게 만들어졌군!

言(말씀 언)과 己(몸 기)를 합친 글자로, 己는 새끼줄에 매듭을 지어 사물을 기록한 것임. 즉 말(言)하려는 것을 새끼줄에 매듭짓듯(己) 문자로 '기록하다'의 뜻을 나타냄.

이렇게 쓰이는군!

- 記名(기명): 이름을 적음.
- 日記(일기): 날마다 그날그날 겪은 일이나 생각, 느낌 등을 적는 개인의 기록.

살 활 부수: 水(氵) 총획: 9획

→ 살다: 생명을 지니고 있다.

丶 丶 氵 汁 汗 汗 汪 活 活

이렇게 만들어졌군!

水(물 수)와 舌(혀 설)이 합쳐진 글자로, 끊임없이 침(水)이 혓바닥(舌)에 고이는 것은 살아있는 증거라는 데서 '살다'의 뜻을 나타냄.

이렇게 쓰이는군!

- 活動(활동): 몸을 움직여 행동함.
- 生活(생활): 사람이나 동물이 일정한 환경에서 활동하며 살아감.

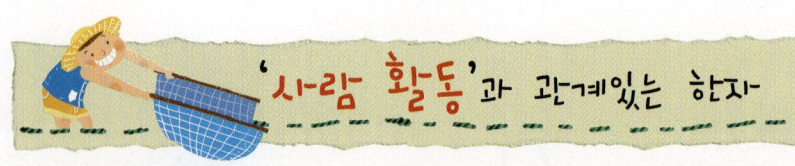

한자를 한 글자 한 글자 자세히 공부해 보아요.

농사 **농** 부수: 辰 총획: 13획

一 冂 曲 曲 曲 农 农 農 農 農 農

이렇게 만들어졌군!

曲(굽을 곡)과 辰(별 진)을 합친 글자로, 曲은 밭을, 辰은 농기구를 가리킴. 농부가 밭(田)에서 농기구(辰)를 들고 일한다는 데서 '농사'의 뜻을 나타냄.

이렇게 쓰이는군!

- 農夫(농부): 농사짓는 일을 직업으로 하는 사람.
- 農事(농사): 곡류, 과채류 등의 씨나 모종을 심어 기르고 거두는 등의 일.

일 **사** 부수: 亅 총획: 8획

一 ㄱ ㄲ 亘 亘 写 写 事

이렇게 만들어졌군!

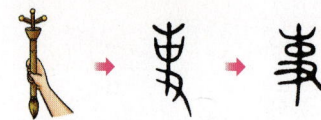

거북 껍데기에 구멍을 뚫는 기구를 쥐고 있는 모습을 본뜬 글자로, 고대 사관의 일은 거북 껍데기를 보고 점을 치는 것이었다는 데서 '일'의 뜻을 나타냄.

이렇게 쓰이는군!

- 事物(사물): 일과 물건을 아울러 이르는 말.
- 人事(인사): 마주 대하거나 헤어질 때에 예를 표함. 또는 그런 말이나 행동.

말씀 **화** 부수: 言 총획: 13획

` ㅗ ㅗ ㅗ 言 言 言 訁 訐 話

이렇게 만들어졌군!

言(말씀 언)과 舌(혀 설)이 합쳐진 글자로, 혀(舌)를 움직여 입소리(言)를 낸다는 데서 '말씀'의 뜻을 나타냄.

이렇게 쓰이는군!

- 手話(수화): 몸짓이나 손짓으로 표현하는 의사 전달 방법.
- 電話(전화): 전화기를 이용하여 말을 주고받음.

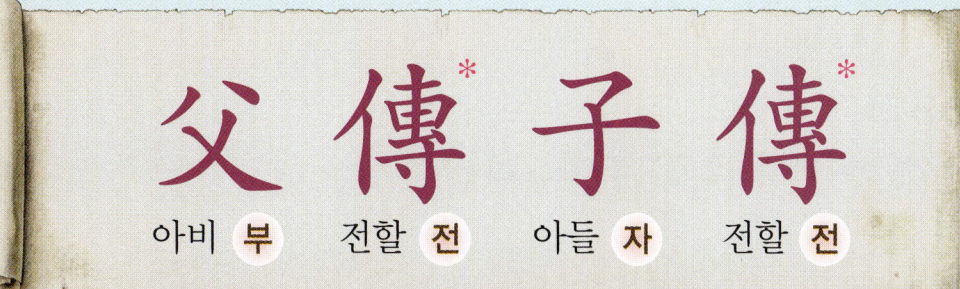

父傳子傳
아비 **부** · 전할 **전** · 아들 **자** · 전할 **전**

의미: '아버지와 아들에게 전하다.'라는 뜻으로, 아버지와 아들이 하는 행동이 비슷하거나 같음을 이르는 말이에요.

동화로 쏙쏙~!
할머니, 우리 할머니

동화를 읽으며 한자의 음을 써 보아요.

　오늘은 신나는 날이에요. 시골에서 **농사**[農: 농사 ①　]짓는 **일**[事: 일 ②　]을 하는 외갓집에 놀러가거든요. 엄마는 **노래**[歌: 노래 ③　]까지 흥얼대고 계세요.

　온 가족이 **움직여서**[動: 움직일 ④　] 반가운 외할머니와 외할아버지를 만날 생각을 하니 가슴이 두근거렸어요.

　외갓집은 아주 산골이어서 차로 구불구불한 길을 따라 **올라**[登: 오를 ⑤　] 갔다가 다시 구불구불 길을 따라 내려오기를 몇 번이나 반복한 후에야 도착했어요.

　우리가 오기를 문 밖에서 오랫동안 **서서**[立: 설 ⑥　] 기다리시던 외할머니께서는 너무나 반갑게 맞아 주셨어요. 그리고 우리가 **들어**[入: 들 ⑦　] 가자 얼굴을 쓰다듬으시더니 눈물까지 훔치시며 **말씀**[話: 말씀 ⑧　]하셨어요.

　"우리 손주들이 이제나 **올까**[來: 올 ⑨　] 저제나 올까 싶어서 매일 바깥만 보고 산다, 할미가."

아이구, 왜 이리 안 오누!

외할머니시다! 우리 기다리셨나 봐요.

사람 활동과 관계있는 한자

| 모범 답안 | 177쪽

그리고는 할머니께서는 부엌에 가시더니 우리들을 **먹이기**[食: 먹을 ⑩] 위해서 준비하신 음식을 잔뜩 들고 **나오셨**[出: 날 ⑪]어요.

"와! 할머니, 힘이 엄청 센 슈퍼우먼 같아요!"

그러자 외할머니께서는 함박 웃음을 지어 보이셨어요.

"이 할미는 우리 강아지들 위해서라면 힘이 하나도 안 들지."

우리는 작년에 왔을 때 **심어**[植: 심을 ⑫]놓은 봉선화도 보았어요.

"우리 강아지들 올 때 물들여 주려고 정성껏 길렀지."

봉선화를 보니 할머니께서 우리를 얼마나 기다리셨는지 알 수 있었어요. 그래서 우리도 할머니께 무언가를 해 드려야겠다고 생각하였지요. 저와 동생은 외할머니께서 **쉴**[休: 쉴 ⑬] 수 있게 안마를 했어요. 그리고 아빠는 눈이 잘 보이지 않는 외할아버지께 우리 집 전화번호를 다시 큼직하게 **기록해**[記: 기록할 ⑭] 주셨고, 엄마는 맛있는 저녁 밥상을 차리셨어요. 외갓집에서 보낸 이 시간들은 아마도 **살아**[活: 살 ⑮]가는 데 행복한 추억이 될 것 같아요.

게임으로 쏙쏙~!

'歌' 의 뜻과 관계있는 인물은 ○표, 관계없는 인물은 ×표를 하세요.

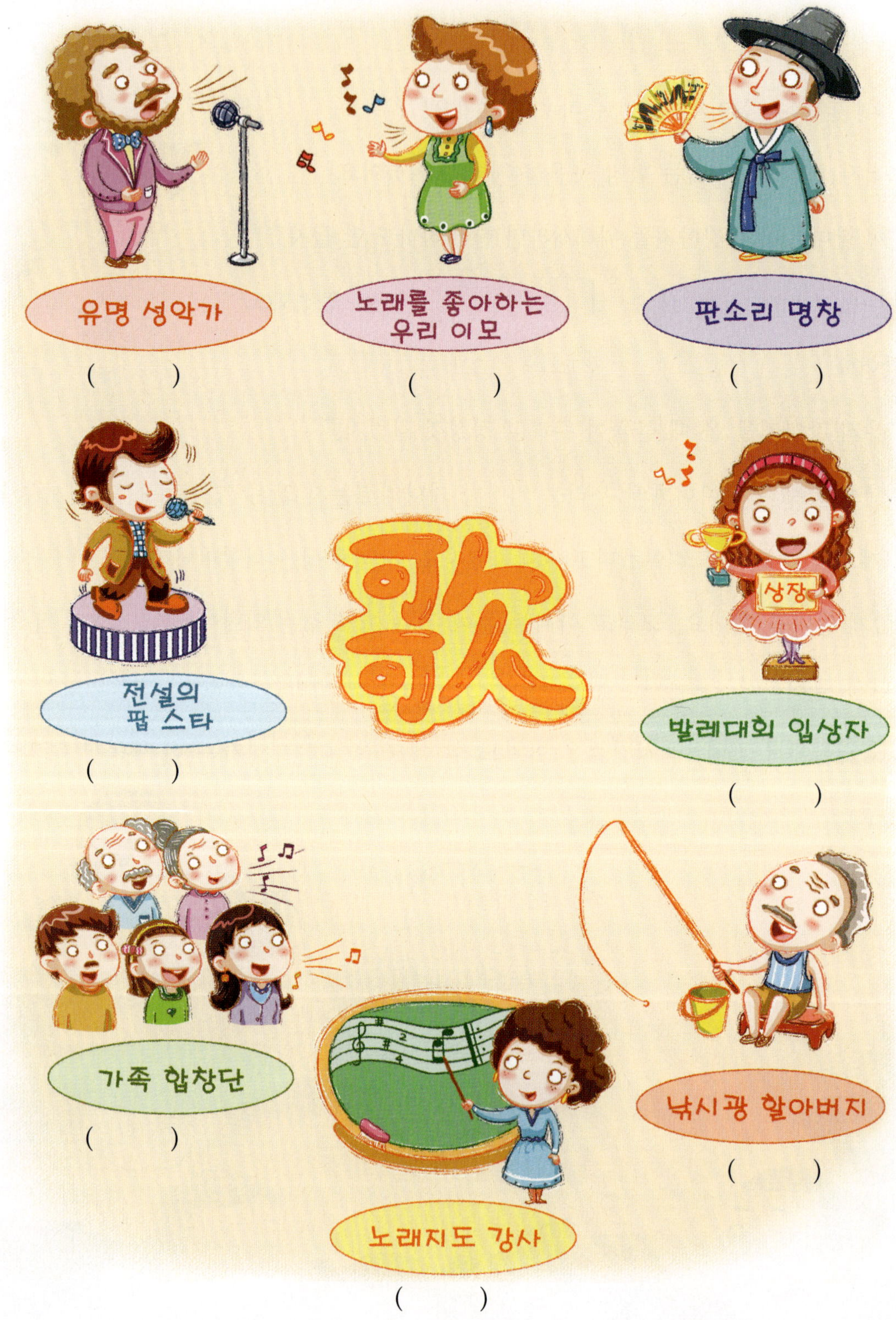

유명 성악가 (　　)
노래를 좋아하는 우리 이모 (　　)
판소리 명창 (　　)
전설의 팝 스타 (　　)
歌
상장
발레대회 입상자 (　　)
가족 합창단 (　　)
낚시광 할아버지 (　　)
노래지도 강사 (　　)

| 모범 답안 | 178쪽

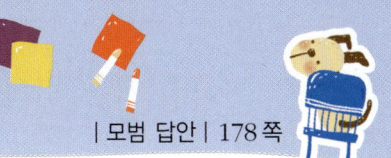

그림과 관계있는 한자를 연결하여 퍼즐을 맞춰 보세요.

動
食
農
登

하나. 배정 한자 익히기

100점 만점에 100점

1 다음 漢字語(한자어)에 맞는 音(음: 소리)을 연결하세요.

(1) 食事 •　　　　　　　　　　　　• (ㄱ) 전화
(2) 動物 •　　　　　　　　　　　　• (ㄴ) 식사
(3) 植民 •　　　　　　　　　　　　• (ㄷ) 식민
(4) 電話 •　　　　　　　　　　　　• (ㄹ) 동물

2 다음 밑줄 친 漢字語(한자어)의 音(음: 소리)을 쓰세요.

(1) 부지런한 국민은 나라 발전에 가장 큰 動力(　　)이 된다.
(2) 감독은 배우들이 登場(　　)하는 순서까지 세심히 관찰했다.
(3) 집을 나서며 밝게 人事(　　)하는 아들의 모습에 기분좋았다.
(4) 그는 出國(　　)을 앞두고 집안 어른들을 찾아뵙기로 했다.

3 다음 빈칸에 맞는 漢字(한자)의 訓(훈: 뜻)을 쓰세요.

(1) 軍歌(　　군, 　　가)
(2) 中立(　　중, 　　립)
(3) 記入(　　기, 　　입)
(4) 登校(　　등, 　　교)

4 다음 밑줄 친 낱말 뜻에 맞는 漢字(한자)를 보기에서 찾아 기호를 쓰세요.

> 보기　　　(ㄱ) 植　　(ㄴ) 休　　(ㄷ) 入　　(ㄹ) 來

(1) 오늘은 마침 회사가 쉬는 날이라 다행이었다.　　(　　)
(2) 운동을 마치고 욕실에 들어가 바로 몸을 씻었다.　　(　　)
(3) 콩 심은 데 콩나고 팥 심은 데 팥나는 법이다.　　(　　)
(4) 올 사람은 오지 않고 엉뚱한 소식만 많아 답답했다.　　(　　)

| 모범 답안 | 178쪽

5 빈칸에 들어갈 漢字(한자)에 맞는 訓(훈: 뜻)과 音(음: 소리)을 보기에서 찾아 그 기호를 쓰세요.

> 보기 (ㄱ) 말씀 화   (ㄴ) 일 사
>   (ㄷ) 노래 가   (ㄹ) 농사 농

(1) 아버지는 오늘 아침 강도 사건에 관한 記☐를 자세히 읽고 계신다.
(2) 최근 청각 장애인을 위한 手☐ 방송을 자주 볼 수 있다.
(3) 나의 장래희망은 ☐手이다.
(4) 현명한 원님은 땅이 없는 ☐民에게도 땅을 나누어 주게 하였다.

6 다음 낱말의 뜻에 맞는 漢字語(한자어)를 보기에서 찾아 그 기호를 쓰세요.

> 보기   (ㄱ) 來日   (ㄴ) 農夫   (ㄷ) 間食   (ㄹ) 記名

(1) 이름을 적음.   (   )
(2) 끼니와 끼니 사이에 먹는 음식.   (   )
(3) 오늘의 바로 다음 날.   (   )
(4) 농사를 짓는 사람.   (   )

7 다음 밑줄 친 부분에 맞는 漢字語(한자어)를 漢字(한자)로 쓰세요.

(1) 병이 완전히 낫기까지는 활동(☐☐)을 조심히 해야 한다.
(2) 일부 선진국의 국립(☐☐) 대학교에서는 수업료를 받지 않는다.
(3) 언니는 사물(☐☐)을 보고 깨닫는 능력이 남보다 뛰어나다.
(4) 기계마다 자료를 입수(☐☐)하고 처리하는 방식에 차이가 있다.

한자 쏙쏙~! '시간'과 관계있는 한자

한자를 한 글자 한 글자 자세히 공부해 보아요.

때 시 | 부수: 日 | 총획: 10획
→ 때: 시간의 어떤 순간이나 부분.

丨 冂 日 日 日 ㅂ ㅂ 昨 昨 時 時

이렇게 만들어졌군!

日(날 일)과 寺(절 사)가 합쳐진 글자로, '때'의 뜻을 나타냄. 寺는 소리(음) 부분에 해당함.

이렇게 쓰이는군!

- 時事(시사): 그 당시에 일어난 여러가지 사회적 사건.
- 不時(불시): 제철이 아닌 때. 뜻하지 아니한 때.

사이 간 | 부수: 門 | 총획: 12획
→ 사이: 한 곳에서 다른 곳까지, 또는 한 물체에서 다른 물체까지의 거리나 공간.

丨 冂 冂 冂 門 門 門 門 閒 間 間 間

이렇게 만들어졌군!

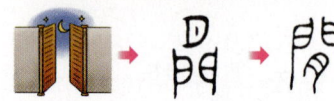

본래는 門(문 문)과 月(달 월)을 합친 글자로, 문(門)틈으로 한가롭게 달(月)을 보는 데서 '사이, 틈'의 뜻을 나타냄. 후에 '月' 대신에 '日'로 바꿔 썼음.

이렇게 쓰이는군!

- 世間(세간): 세상의 일반.
- 中間(중간): 두 사물의 사이.

해 년 | 부수: 干 | 총획: 6획
→ 해: 지구가 태양을 한 바퀴 도는 동안.

丿 ㅗ 仁 仁 年 年

이렇게 만들어졌군!

한 사람이 익은 곡식을 짊어지고 집으로 돌아오고 있는 모습을 본뜬 글자로, 벼를 심어 수확하는 기간이 1년이라는 데서 '해'의 뜻을 나타냄.

이렇게 쓰이는군!

- 年間(연간): 그 해의 가운데, 한 해 동안.
- 來年(내년): 올해의 바로 다음 해.

낮 오 부수: 十 | 총획: 4획

`ノ ⼂ ⼓ 午`

벼를 찧는데 쓰는 절굿공이를 본뜬 글자로, 절굿공이 같이 생긴 막대기를 땅에 꽂아 나타난 그림자를 보고 시간을 알았다는 데서 '낮'의 뜻을 나타냄.

- 午前(오전): 자정이후부터 낮 12시까지의 시간.
- 正午(정오): 낮 12시.

저녁 석 부수: 夕 | 총획: 3획

`ノ ク 夕`

초생달의 모양을 본뜬 글자로, 달은 대부분 저녁에 뜬다는 데서 '저녁'의 뜻을 나타냄.

- 秋夕(추석): 우리나라 명절의 하나. 음력 팔월 보름날.
- 七夕(칠석): 견우와 직녀가 만나는 음력 7월 7일.

봄 춘 부수: 日 | 총획: 9획

`一 二 三 𡗗 夫 表 春 春 春`

햇볕을 받아 언덕에 풀이 돋아나는 모양을 본뜬 글자로, 풀의 싹이 움트는 계절이라는 데서 '봄'의 뜻을 나타냄.

- 春秋(춘추): 어른의 나이를 높여 이르는 말.
- 立春(입춘): 24절기 중 하나로, 봄이 시작되는 때.

 '시간'과 관계있는 한자

한자를 한 글자 한 글자 자세히 공부해 보아요.

여름 하 | 부수: 夂 | 총획: 10획

一 丆 丆 百 百 百 百 夏 夏 夏

 이렇게 만들어졌군!

머리와 손과 발이 온전한 한 사람의 모습을 본뜬 글자로, 본래는 고대 중국의 중원에 살던 민족을 가리키는 글자였음. 후에 '여름' 이란 뜻으로 쓰임.

이렇게 쓰이는군!

- 夏冬 (하동): 여름과 겨울.
- 立夏 (입하): 24절기 중 하나로, 여름이 시작되는 때.

가을 추 | 부수: 禾 | 총획: 9획

丿 二 千 千 禾 禾 禾 秒 秋 秋

 이렇게 만들어졌군!

禾(벼 화)와 火(불 화)가 합쳐진 글자로, 햇볕(火)을 받아 잘 익은 곡식(禾)을 거둬 들이는 계절이라는 데서 '가을'의 뜻을 나타냄.

이렇게 쓰이는군!

- 秋色 (추색): 가을빛 또는 가을 경치.
- 秋夕 (추석): 우리나라 명절의 하나로, 음력 팔월 보름날.

겨울 동 | 부수: 冫 | 총획: 5획

丿 ク 夂 冬 冬

 이렇게 만들어졌군!

노끈 양쪽 끝의 매듭 모양을 본뜬 글자로, '끝나다'는 뜻. 후에 冫 (얼음 빙)을 붙여 계절의 맨 끝(夂)이면서 얼음(冫)이 어는 계절 '겨울'을 뜻하게 됨.

이렇게 쓰이는군!

- 三冬 (삼동): 겨울의 석 달. 세 해의 겨울.
- 立冬 (입동): 24절기 중 하나로, 겨울이 시작되는 때.

冬溫夏淸

겨울 **동** 따뜻할 **온** 여름 **하** 서늘할 **정**

'겨울에는 따뜻하게 해 드리고, 여름에는 시원하게 해 드린다.'는 뜻으로 부모님을 잘 섬기어 효도함을 이르는 말이에요.

동화로 쏙쏙~!

시간아, 나 좀 구해 줘!

동화를 읽으며 한자의 음을 써 보아요.

인규는 얼굴이 화끈거리고 뒤통수가 따가웠어요. 친구들 앞에서 방귀를 뀌고 말았기 때문이지요. 그것도 아주 조용한 수업 시간에 '뿡' 하는 우렁찬 소리로 말이에요.

인규는 '시간을 돌릴 수만 있다면 얼마나 좋을까?' 하고 간절하게 바라고 있었어요. 그런데 그때[時: 때 ①] 갑자기 인규의 휴대 전화에서 낯선 번호가 울렸어요.

"여보세요?"

"시간을 거스르고 싶다구? 그럼 언제로 돌아가고 싶은지 말해 봐."

인규는 이상한 전화라고 생각했지만 너무나 간절했기 때문에 자신도 모르게 말했어요.

"다시 돌아갈래요! 점심시간이었던 낮[午: 낮 ②] 12시, 그때로!"

그러자 정말 신기하게도 점심 시간 그때로 돌아온 게 아니겠어요?

그런데 이상하게도 1년[年: 해 ③] 동안 함께 했던 선생님과 친구들은 인규를 알아보지 못했어요.

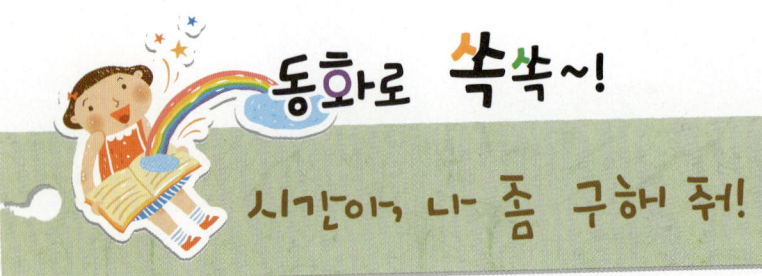

시간과 관계있는 한자

| 모범 답안 | 178쪽

그것만이 아니었어요. 출석부에 이름도 적혀있지 않았고, 자신의 책상에도 다른 아이가 앉아 있었어요.

'이게 아닌데. 이게 아닌데.'

인규는 봄[春: 봄 ④], 여름[夏: 여름 ⑤], 가을[秋: 가을 ⑥], 겨울[冬: 겨울 ⑦]을 단숨에 그냥 보낸 사람처럼 기운이 쭉 빠졌어요.

"시간님, 저 좀 구해 주세요." 그러자 또다시 휴대 전화가 울렸어요.

"여보세요! 다시 제 시간을 돌려 주세요. 놀림 당해도 좋아요! 제발!"

그때 였어요. 인규가 눈을 감았다 뜬 사이[間: 사이 ⑧] 선생님께서 인규를 깨우시고 계셨어요.

"봄이라 춘곤증이라도 찾아온 거니? 수업 시간에 그렇게 자면 어떻게 하니? 잠은 저녁[夕: 저녁 ⑨]에 집에 가서 자야지!"

인규는 선생님의 얼굴이 너무나 반가웠어요.

친구들의 웃음소리도 너무나 정답게 느껴져 인규도 덩달아 웃었답니다.

이 녀석! 꿈에서 깨야지?

게임으로 쏙쏙~!

우물 안에 비친 한자들을 바르게 쓰고, 각 한자의 훈과 음을 선으로 이어 보세요.

春 夏 秋 冬

봄 춘 　 가을 추 　 겨울 동 　 여름 하

| 모범 답안 | 178쪽

🌀 무엇이 숨어 있을까요? '時'에는 빨간색, '間'에는 노란색, '年'에는 초록색, '夕'에는 검은색을 칠하고, 무엇이 나왔는지 말해 보세요.

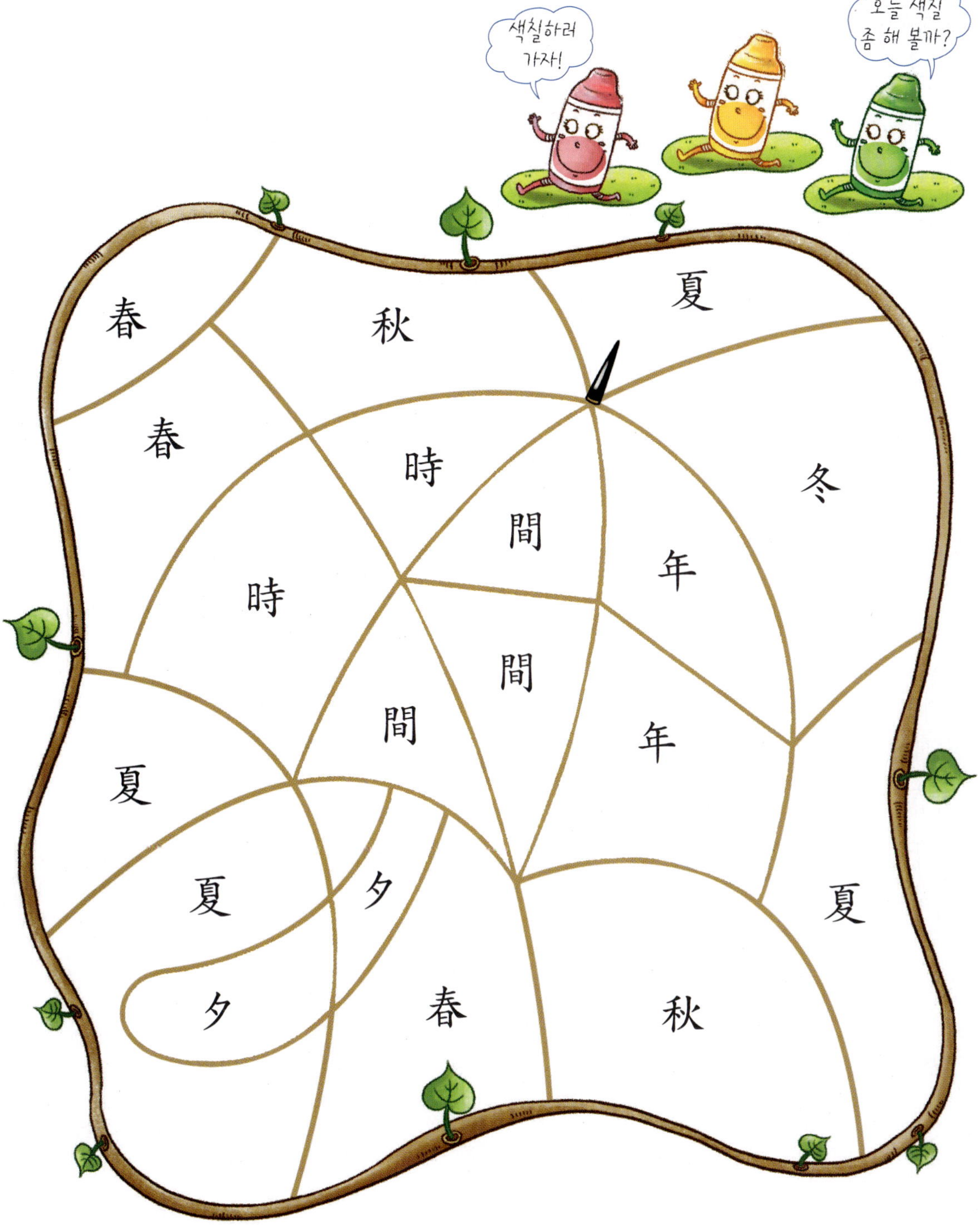

( )

100점 만점에 100점

1 다음 漢字語(한자어)에 맞는 音(음: 소리)을 연결하세요.

(1) 不時 •　　　　　　　　　　　　• ㉠ 불시
(2) 午前 •　　　　　　　　　　　　• ㉡ 입동
(3) 秋夕 •　　　　　　　　　　　　• ㉢ 추석
(4) 立冬 •　　　　　　　　　　　　• ㉣ 오전

2 다음 밑줄 친 漢字語(한자어)의 音(음: 소리)을 쓰세요.

(1) 늦어도 來年(　　)까지 서울로 바로 가는 길이 뚫릴 것이다.
(2) 이 논에 이삭이 패기 시작한 것은 七夕(　　)이 지나서였다.
(3) 그 많던 벌레들이 立冬(　　) 추위에 말끔히 사라졌다.
(4) 어르신께서는 春秋(　　)가 믿어지지 않을 정도로 정정하셨다.

3 다음 빈칸에 맞는 漢字(한자)의 訓(훈: 뜻)을 쓰세요.

(1) 中間(　　 중, 　　 간)
(2) 立春(　 립, 　 춘)
(3) 正午(　　 정, 　 오)
(4) 夏冬(　　 하, 　　 동)

4 다음 밑줄 친 낱말 뜻에 맞는 漢字(한자)를 보기에서 찾아 기호를 쓰세요.

| 보기 | ㉠ 間　㉡ 春　㉢ 時　㉣ 午 |

(1) 그의 집은 두 마을 사이에 있어 여러모로 편리했다.　(　　)
(2) 주말에 내린 비로 봄 꽃이 아깝게 다 떨어져 버렸다.　(　　)
(3) 우리는 시간이 늦어 내일 낮에 다시 만나기로 했다.　(　　)
(4) 내가 웃고 있을 때 마침 그녀와 눈이 마주쳤다.　(　　)

5 빈칸에 들어갈 漢字(한자)에 맞는 訓(훈: 뜻)과 音(음: 소리)을 보기에서 찾아 그 기호를 쓰세요.

> 보기 (ㄱ) 해 년   (ㄴ) 낮 오
>   (ㄷ) 겨울 동 (ㄹ) 저녁 석

(1) 이미 김장철도 다지나고 효[ ]이 되니 바로 추위가 다가왔다.
(2) 正[ ]가 되자 햇빛이 뜨거웠다.
(3) 올해는 前[ ]에 비해 비가 고루 내려 채소 농사가 잘 된 편이다.
(4) 秋[ ]에 가족끼리 모여서 송편을 빚었다.

6 다음 낱말의 뜻에 맞는 漢字語(한자어)를 보기에서 찾아 그 기호를 쓰세요.

> 보기   (ㄱ) 時事   (ㄴ) 不時   (ㄷ) 三冬   (ㄹ) 午前

(1) 자정 이후부터 낮 12시가 되기까지의 시간.   (   )
(2) 그 당시에 일어난 여러 가지 사회적 사건.   (   )
(3) 뜻하지 아니한 때.   (   )
(4) 겨울의 석 달.   (   )

7 다음 밑줄 친 부분에 맞는 漢字語(한자어)를 漢字(한자)로 쓰세요.

(1) <u>연간</u>([ ]) 석유 소비량이 늘어나고 있어 대책이 필요하다.
(2) 24절기 가운데 여름에 접어드는 때를 <u>입하</u>([ ])라고 한다.
(3) 뜻있는 <u>청년</u>([ ])들이 모여 청소년을 위한 야학을 세웠다.
(4) 오늘 약속을 <u>오후</u>([ ])로 옮기도록 하였다.

한자 쏙쏙~! '사람 성격·행정 구역'과 관계있는 한자

한자를 한 글자 한 글자 자세히 공부해 보아요.

바를 정 부수: 止 총획: 5획
→ 바르다: 겉으로 보기에 비뚤어지거나 굽은 데가 없다.

一 Т 下 正 正

이렇게 만들어졌군!

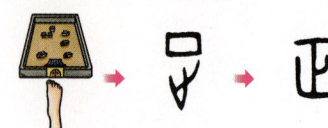

어떤 목표 지점을 향해 발을 내딛는 모습을 본뜬 글자로, 공격 목표를 치기 위해 곧장 진격한다는 데서 '바르다, 바로잡다'는 뜻을 나타냄.

이렇게 쓰이는군!

- 正中(정중): 한가운데.
- 子正(자정): 밤 12시.

곧을 직 부수: 目 총획: 8획
→ 곧다: 굽거나 비뚤어지지 아니하고 똑바르다.

一 十 十 古 古 肯 直 直

이렇게 만들어졌군!

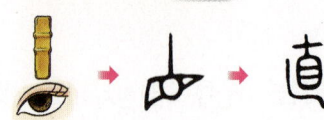

눈 위에 직선이 그어져 있는 모습으로, 시선이 똑바르다는 데서 '곧다'의 뜻을 나타냄.

이렇게 쓰이는군!

- 直面(직면): 어떠한 일이나 사물을 직접 당하거나 접함.
- 下直(하직): 먼 길을 떠날 때 웃어른께 작별을 고하는 것.

편할 편 똥오줌 변 부수: 人(亻) 총획: 9획

丿 亻 亻 亻 仁 佰 佰 便 便

이렇게 만들어졌군!

人(사람 인)과 更(고칠 경)을 합친 글자. 更은 채찍으로 때려 가며 고치게 한다는 뜻. 사람(人)이 불편함을 고친다는(更)에서 '편하다'의 뜻을 나타냄.

이렇게 쓰이는군!

- 便安(편안): 편하고 걱정 없이 좋음.
- 人便(인편): 오거나 가는 사람의 편.

편안 **안** 부수: 宀 | 총획: 6획

丶 丷 宀 宍 安 安

이렇게 만들어졌군!

 → → 宋

宀(집 면)과 女(계집 녀)가 합쳐진 글자로, 여자(女)가 집(宀) 안 일을 잘 돌보아 주니 모두가 편하다는 데서 '편하다'의 뜻을 나타냄.

이렇게 쓰이는군!

- 安全(안전): 위험이 생기거나 사고가 날 염려가 없음.
- 問安(문안): 안부를 물음.

효도 **효** 부수: 子 | 총획: 7획

一 十 土 耂 耂 孝 孝

이렇게 만들어졌군!

老(늙을 로)와 子(아들 자)가 합쳐진 글자로, 자식(子)이 늙은 (老) 부모를 등에 업고 걸어가는 행동이 효도의 표현이라는 데서 '효도'의 뜻을 나타냄.

이렇게 쓰이는군!

- 孝道(효도): 부모를 정성껏 잘 섬기는 일.
- 不孝(불효): 부모에게 효를 행하지 못함.

마음 **심** 부수: 心 | 총획: 4획

'心'이 부수로 쓰여 왼쪽(변)에 올 때에는 '忄'의 꼴을 취해요.

丶 心 心 心

이렇게 만들어졌군!

사람의 심장 모양을 본뜬 글자로, '마음'의 뜻을 나타냄.

이렇게 쓰이는군!

- 小心(소심): 용감하지 못하고 조심성이 지나치게 많음.
- 人心(인심): 사람의 마음. 남의 딱한 처지를 헤아려 알아주고 도와주는 마음.

'사람 성격·행정 구역'과 관계있는 한자

한자를 한 글자 한 글자 자세히 공부해 보아요.

길 도 | 부수: 辵(辶) | 총획: 13획

🔸 이렇게 만들어졌군!

辶(쉬엄쉬엄갈 착)과 首(머리 수)를 합친 글자로, 辵(辶)은 네거리를 가리킴. 즉, 사람(首)이 다니는〔辵〕'길'을 뜻함. 아울러 사람이 지켜야 할 '도리'를 뜻함.

🔸 이렇게 쓰이는군!

- 道人(도인): 도를 갈고닦는 사람.
- 市道(시도): 행정 구역으로 나누는 시와 도.

저자 시 | 부수: 巾 | 총획: 5획

↳ 저자: '시장'을 예스럽게 이르는 말.

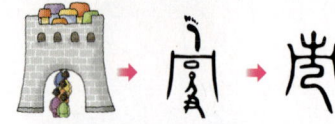

🔸 이렇게 만들어졌군!

사람들이 어떤 장소로 줄지어 들어가는 모습을 표현한 글자로, 물품을 사고 팔기 위해 사람들이 가는 장소인 '저자'를 뜻함.

🔸 이렇게 쓰이는군!

- 市民(시민): 그 시에 사는 사람.
- 出市(출시): 팔기 위해 물건이 시중에 나옴.

고을 읍 | 부수: 邑 | 총획: 7획

↳ 고을: 조선 시대에 마을 등을 두루 이르던 말.

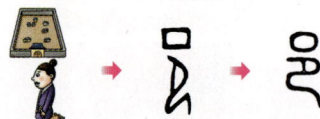

🔸 이렇게 만들어졌군!

한 사람이 성(城) 아래에 앉아 있는 모습을 표현한 글자로, 그 곳에 살고 있음을 의미함. 후에 의미가 확장되어 '고을'을 뜻하게 됨.

🔸 이렇게 쓰이는군!

- 邑內(읍내): 읍의 구역 안.
- 邑長(읍장): 지방 행정 구역인 읍의 행정 우두머리.

낯 면 부수: 面 총획: 9획
낯: 얼굴

一 ア ア 币 而 而 而 面 面

面

이렇게 만들어졌군!
 →  →

사람의 얼굴(낯)을 본뜬 글자로, 얼굴에서 가장 중요한 눈(目)을 두드러지게 한 후에 얼굴의 윤곽을 나타내는 囗를 덧붙여 '얼굴(낯)'의 뜻을 나타냄.

이렇게 쓰이는군!
- 水面(수면): 물의 겉면.
- 場面(장면): 어떤 장소에서 겉으로 드러난 면이나 벌어진 광경.

골 동 밝을 통 부수: 水(氵) 총획: 9획

丶 冫 氵 沪 泂 洞 洞 洞 洞

洞

이렇게 만들어졌군!

水(물 수)와 同(한가지 동)이 합쳐진 글자로, 물(水)이 있는 곳에 사람들이 같이(同) 모여 산다는 데서 '고을(골)'의 뜻을 나타냄.

이렇게 쓰이는군!
- 洞口(동구): 동네의 어귀.
- 洞內(동내): 마을의 안.

마을 리 부수: 里 총획: 7획

丨 冂 円 日 旦 甲 里 里

里

이렇게 만들어졌군!

田(밭 전)과 土(흙 토)가 합쳐진 글자로, 농토(田) 사이의 땅(土)에 사람이 산다는 데서 '마을'의 뜻을 나타냄.

이렇게 쓰이는군!
- 萬里(만리): 매우 먼 거리.
- 三千里(삼천리): 우리나라 전체를 비유적으로 이름.

동화로 속속~!
우리 집 가훈 정하는 날

동화를 읽으며 한자의 음을 써 보아요.

오늘 우리 반 선생님께서 숙제로 집 주소와 가훈을 적어 오라고 하셨어요.

"우리 집 주소는 ○○○○도[道: 길 ❶　] ○○시[市: 저자 ❷　] ○○군 ○○읍[邑: 고을 ❸　] ○○리[里: 마을 ❹　] ○○번지이고, 가훈은 ……."

가훈을 적으려고 하는데 도저히 생각이 나지 않았어요. 그래서 나는 엄마께 여쭤보았지요.

"엄마, 우리 집 가훈이 뭐예요? 학교에서 우리 집 가훈을 써 오랬어요."

"글쎄, 가훈을 정한 적이 없는 것 같은데, 아빠가 퇴근하시면 가훈을 정해 볼까?"

그날 저녁, 우리 가족은 둘러 앉아 가훈을 정하기로 하였어요.

"좋아, 다들 의견을 한번 내 보려무나."

아빠가 말씀하시자, 엄마가 조용조용한 목소리로 말씀하셨어요.

"바르고[正: 바를 ❺　] 곧게[直: 곧을 ❻　] 살아가자! 어때요?"

그러자 아빠가 고개를 저으셨어요.

사람 성격 · 행정 구역과 관계있는 한자

| 모범 답안 | 178쪽

"그보다는 집안이 편해야[便: 편할 ⑦　]모든 일이 잘 이루어진다가 최고지."

우리는 고개를 갸웃거렸어요.

"아빠, 말이 너무 길어요. 짧으면서도 교훈이 되는 말이면 좋을 것 같아요."

"다들 편안하게[安: 편안 ⑧　] 다시 생각해 봐."

그때 엄마가 바로 덧붙이셨어요.

"그럼, 용돈을 아껴 쓰자! 어때? 다들 용돈 좀 아껴 쓰라고!"

"그건 너무 어려워요!"

아빠와 나, 그리도 동생까지 모두 크게 한 목소리로 말했어요. 그러자 엄마는 얼굴[面: 낯 ⑨　]까지 불그스름해지셨지요.

"엄마, 아빠, '효도[孝: 효도 ⑩　]하는 마음[心: 마음 ⑪　]을 갖자.' 어때요?"

"그래, 훈이 의견도 좋은데 아빠 생각엔 우리 가족 건강과 화목이 제일 중요한 것 같아. 그래서 '건강하게 웃으며'로 했으면 하는데 어떠니?"

우리는 아빠의 의견에 모두 찬성하며 가훈을 깊이 새겼습니다.

게임으로 쏙쏙~!

다음 옷에 제시된 한자를 색칠하고, 해당하는 뜻에 ○표를 해 보세요.

面

와! 옷 예쁘다.

하늘 천   달 월   낯 면

| 모범 답안 | 178쪽

피에로가 공연을 하고 있어요. 한자를 따라 점을 잇고, 훈과 음이 바르게 쓰인 상자에 ◯표를 해 보세요.

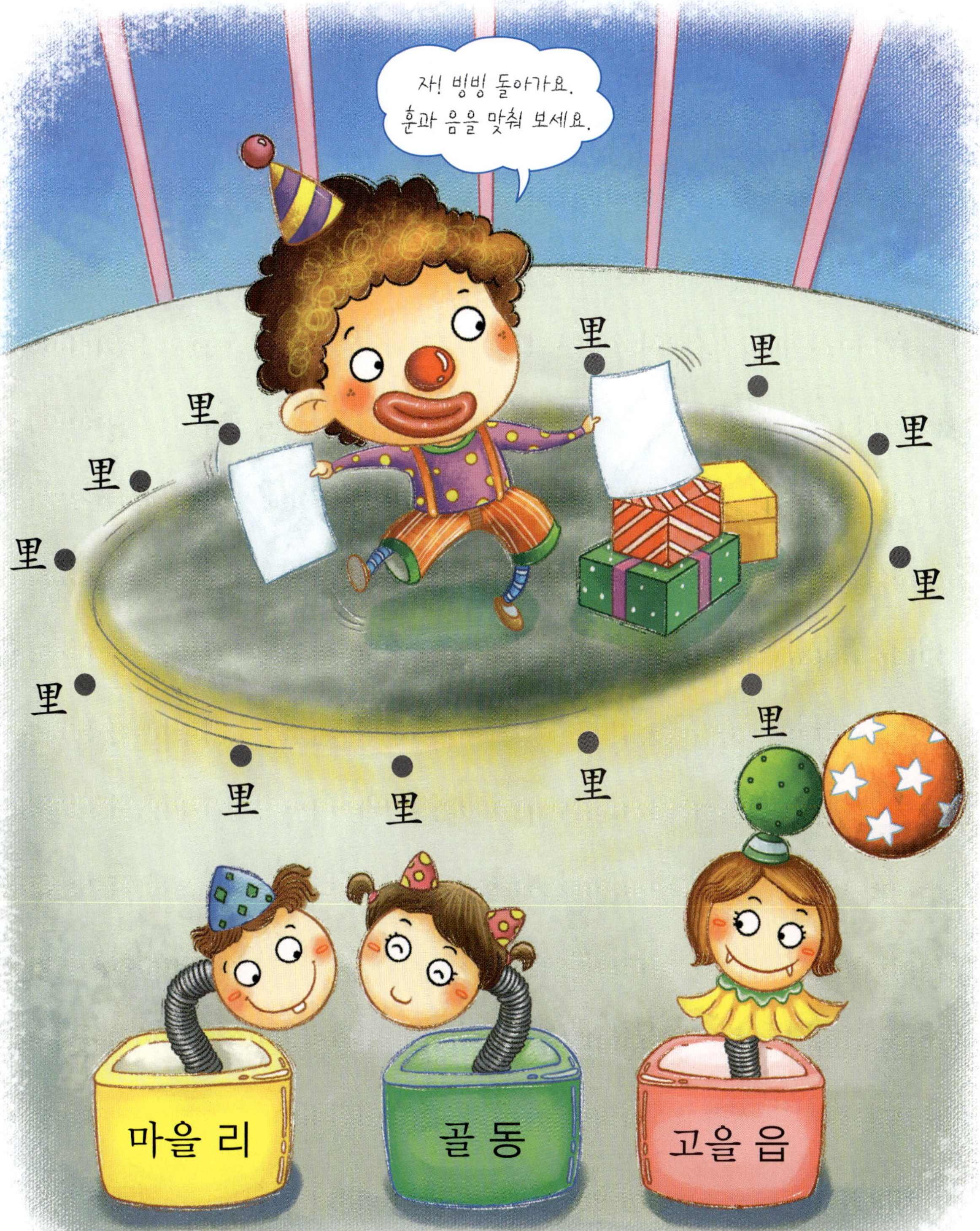

100점 만점에 100점

1 다음 漢字語(한자어)에 맞는 音(음: 소리)을 연결하세요.

(1) 邑內 •   • (ㄱ) 읍내
(2) 出市 •   • (ㄴ) 효도
(3) 孝道 •   • (ㄷ) 인심
(4) 人心 •   • (ㄹ) 출시

2 다음 밑줄 친 漢字語(한자어)의 音(음: 소리)을 쓰세요.

(1) 그녀는 바쁜 가운데서도 人便(　　)으로 선물을 보내왔다.
(2) 어머니 무덤 앞에 엎드려 不孝(　　)를 용서해 달라고 빌었다.
(3) 죽음을 초월한 道人(　　)다운 풍모가 그대로 내비쳐 졌다.
(4) 승객들의 安全(　　)을 위해 안전띠를 매도록 지시하였다.

3 다음 빈칸에 맞는 漢字(한자)의 訓(훈: 뜻)을 쓰세요.

(1) 小心(　　소, 　　심)
(2) 萬里(　　만, 　　리)
(3) 邑長(　　읍, 　　장)
(4) 下直(　　하, 　　직)

4 다음 밑줄 친 낱말 뜻에 맞는 漢字(한자)를 보기에서 찾아 기호를 쓰세요.

보기　　(ㄱ) 道　　(ㄴ) 面　　(ㄷ) 心　　(ㄹ) 市

(1) 깨달음의 경지에 이르기 위해 열심히 도를 닦았다. (　　　)
(2) 시에서 불우한 학생들에게 급식비를 보조했다. (　　　)
(3) 햇빛에 눈이 부셔 얼굴을 찡그렸다. (　　　)
(4) 몸은 늙었지만 마음은 아직 청춘이다. (　　　)

5 빈칸에 들어갈 漢字(한자)에 맞는 訓(훈: 뜻)과 音(음: 소리)을 보기에서 찾아 그 기호를 쓰세요.

> 보기   ㈀ 마을 리   ㈁ 바를 정
>   ㈂ 곧을 직   ㈃ 편할 편

(1) 그는 평소와는 달리 유난히 □安한 차림으로 우리를 찾아왔다.
(2) 子□이 다 되어서야 집안일을 마무리하고 잠자리에 들었다.
(3) 사소한 문제를 그대로 두었다가 어려운 상황에 □面하게 되었다.
(4) 그는 큰 꿈을 품고 萬□ 타국으로 공부하러 떠났다.

6 다음 낱말의 뜻에 맞는 漢字語(한자어)를 보기에서 찾아 그 기호를 쓰세요.

> 보기   ㈀ 市道   ㈁ 場面   ㈂ 洞口   ㈃ 出市

(1) 팔기위해 물건이 시중에 나옴.   (   )
(2) 행정 구역으로 나눈 시와 도.   (   )
(3) 어떤 장소의 겉으로 드러난 광경.   (   )
(4) 동네의 어귀.   (   )

7 다음 밑줄 친 부분에 맞는 漢字語(한자어)를 漢字(한자)로 쓰세요.

(1) 그는 아버지께 하직(□□)을 고하고 물러 나왔다.
(2) 잔잔한 수면(□□)에 얼굴을 비추다.
(3) 많은 사람들이 어르신께 문안(□□)을 드리러 찾아왔다.
(4) 긴 전쟁이 끝나고 삼천리(□□□)에 해방의 날이 찾아왔다.

한자 쏙쏙~! '나라·사물·집'과 관계있는 한자

한자를 한 글자 한 글자 자세히 공부해 보아요.

한국·나라 한 　부수: 韋 　총획: 17획

→ 우리나라 '한국'을 가리키는 뜻으로 많이 사용됨.

十 一 亨 車 車 車 車 韓 韓 韓

이렇게 만들어졌군!

아침 해가 제단이 있는 낭떠러지 밑을 비추는 모양으로, 본래는 옛날의 나라 이름으로 쓰였다.

이렇게 쓰이는군!

- 韓食(한식): 우리나라 고유의 음식이나 식사.
- 北韓(북한): 남북으로 분단된 대한민국의 휴전선 북쪽 지역을 가리키는 말.

가운데 중 　부수: ㅣ 　총획: 4획

丨 口 口 中

→ 가운데를 꿰뚫은 획은 제일 마지막에 써요.

이렇게 만들어졌군!

둥근 원 안에 꽂혀 있는 깃발이 바람에 펄럭이고 있는 모양을 본뜬 글자로, '가운데'의 뜻을 나타냄.

이렇게 쓰이는군!

- 中小(중소): 규모나 수준 등이 중간 정도인 것과 그 이하인 것.
- 手中(수중): 손 안. 무엇을 손에 넣음.

날 일 　부수: 日 　총획: 4획

丨 冂 日 日

이렇게 만들어졌군!

둥근 해의 모양을 본뜬 글자로, '해'의 뜻을 나타냄. 후에 의미가 확장되어 해가 뜨고 지는 하루인 '날'을 뜻하기도 함.

이렇게 쓰이는군!

- 日食(일식): 일본식 음식.
- 生日(생일): 세상에 태어난 날 또는 태어난 날을 기념하는 해마다의 그날.

旗

기 **기** 부수: 方 총획: 14획

`⼀ ㇗ 方 方 方㇗ 方㫃 㫃旗 旌旗 旗`

이렇게 만들어졌군!

깃대 위에서 바람에 펄럭이고 있는 깃발의 모양을 본뜬 글자로, '깃발'의 뜻을 나타냄.

이렇게 쓰이는군!

- 旗手(기수): 여럿이 줄지어 가거나, 행진을 할 때 앞에서 기를 드는 사람.
- 白旗(백기): 흰색 깃발. 항복의 표시로 쓰는 흰 기.

紙

종이 **지** 부수: 糸 총획: 10획

`⼀ ㇗ ㇛ 糸 糸 糸 紅 紅 紙 紙`

이렇게 만들어졌군!

糸(실 멱)과 氏(성 씨)가 합쳐진 글자로, 나무에서 나온 실(糸) 모양의 원료로 종이를 만든다는 데서 '종이'의 뜻을 나타냄.

이렇게 쓰이는군!

- 紙面(지면): 종이의 겉면. 기사나 글이 실리는 인쇄물의 면.
- 便紙(편지): 안부, 소식, 용무 등을 적어 보내는 글.

車

수레 **거** / **차** 부수: 車 총획: 7획

`⼀ ㇗ ㇗ 曰 百 亘 車`

이렇게 만들어졌군!

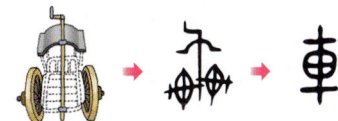

두 개의 바퀴 달린 수레의 옆 모양을 본뜬 글자로, '수레'의 뜻을 나타냄. 음은 경우에 따라서 '거'나 '차'로 읽음.

이렇게 쓰이는군!

- 人力車(인력거): 사람이 끄는 바퀴가 두 개 달린 수레.
- 電車(전차): 전기의 힘으로 궤도를 달리는 차.

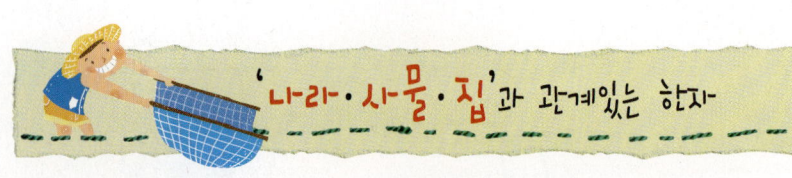

'나라 · 사물 · 집'과 관계있는 한자

한자를 한 글자 한 글자 자세히 공부해 보아요.

집 가 부수: 宀 총획: 10획

`ˋ ㇒ 宀 宀 宁 宇 宇 家 家 家`

家

이렇게 만들어졌군!

宀(집 면)과 豕(돼지 시)가 합쳐진 글자로, 집(宀) 안에서 돼지(豕)를 잡아 놓고 제사를 지내는 데서 '집'의 뜻을 나타냄.

이렇게 쓰이는군!

- 家長(가장): 한 집안의 어른.
- 草家(초가): 짚이나 풀 등으로 지붕을 만든 집.

집 실 부수: 宀 총획: 9획

`ˋ ㇒ 宀 宀 宁 宏 宝 室 室`

室

이렇게 만들어졌군!

宀(집 면)과 至(이를 지)가 합쳐진 글자로, 새가 둥지로 날아들듯이 사람이 집(宀)에 이르러서(至) 휴식을 취하는 '집(방)'의 뜻을 나타냄.

이렇게 쓰이는군!

- 室外(실외): 방이나 건물 등의 밖.
- 入室(입실): 건물 안의 방이나 교실 등에 들어감.

문 문 부수: 門 총획: 8획

`丨 ㇑ 卩 𠃌 ㄗ 門 門 門`

門

이렇게 만들어졌군!

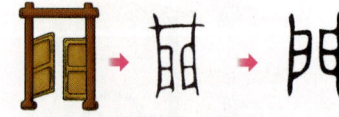

두 개의 문짝을 달아 놓은 모양을 본뜬 글자로, '문'의 뜻을 나타냄.

이렇게 쓰이는군!

- 門中(문중): 성과 본이 같은 가까운 집안.
- 正門(정문): 건물의 앞쪽 면에 있는 문.

住

살 주 | 부수: 人(亻) | 총획: 7획

살다: 어느 곳에 거주하다.

ノ 亻 亻 亻 伫 住 住

住

이렇게 만들어졌군!

亻(人, 사람 인)과 主(주인 주)가 합쳐진 글자로, 사람(亻)이 일정한 곳에 주인(主)으로 사는 데에서 '살다'는 뜻을 나타냄.

이렇게 쓰이는군!

- 住所(주소): 사람이 사는 곳.
- 入住(입주): 새집에 들어가 삶.

所

바 소 | 부수: 戶 | 총획: 8획

` ` ㇋ 戶 戶 所 所 所

所

이렇게 만들어졌군!

戶(집 호)와 斤(도끼 근)이 합쳐진 글자로, 본래는 나무를 베는 도끼 소리를 뜻하였음. 후에 의미가 변하여 '곳, 바'의 뜻을 나타냄.

이렇게 쓰이는군!

- 所有(소유): 자기 것으로 가짐. 또는 그 물건.
- 場所(장소): 어떤 일이 이루어지거나 일어나는 곳.

場

마당 장 | 부수: 土 | 총획: 12획

一 十 土 圹 坧 坦 坦 坪 場 場

場

이렇게 만들어졌군!

土(흙 토)와 昜(볕 양)이 합쳐진 글자로, 햇볕(昜)이 잘 드는 넓은 땅(土)이라는 데서 '마당'의 뜻을 나타냄.

이렇게 쓰이는군!

- 工場(공장): 물건을 만들어내는 시설을 갖춘 곳.
- 入場(입장): 어느 장소로 들어감.

동화로 쏙쏙~!
만국기들의 환영식

동화를 읽으며 한자의 음을 써 보아요.

추운 겨울, 우리 집 앞 슈퍼마켓이 처음으로 문[門: 문 ①]을 열었어요. 그래서 슈퍼마켓의 천막에서부터 자동차[車: 수레 ②]들이 다니는 차도 바로 앞까지 일직선으로 여러 나라 깃발[旗: 기 ③]을 걸어 두었지요. 그것이 바로 만국기였어요.

만국기는 종이[紙: 종이 ④]로 만들어져 있어서 바람이 조금만 세게 불어도 파르르 날렸어요. 바스락바스락 소리가 날 때면 마치 손님들에게 '어서 오세요.' 하고 반갑게 인사하는 모습 같아 보였지요.

만국기 가운데[中: 가운데 ⑤]에는 대한민국[韓: 한국 ⑥]의 깃발인 태극기가 있었어요. 그리고 그 옆으로는 중국과 일본의 국기가 태양[日: 날 ⑦] 빛을 받으며 펄럭이고 있었어요.

나라·사물·집과 관계있는 한자

| 모범 답안 | 179쪽

"태극기야, 우리나라에 가 본 적 있니? 우리나라는 만리장성이 아주 유명해!"

중국의 국기가 말했어요.

"가 본 적이 어디 있겠어. 그냥 여기에나 있는 거지."

그러자 일본 국기가 말했어요.

"집[家: 집 ⑧　]에 가고 싶다. 집[室: 집 ⑨　]에 들어가서 편하게 눕고 싶어."

이번에는 중국 국기가 또다시 말했어요.

"이 추운 날, 이런 마당[場: 마당 ⑩　]에서 바람따라 흔들리기나 하라니 너무 불공평해. 나도 우리나라로 돌아가고 싶어!"

그 말에 만국기들은 모두 '나도, 나도' 하고 대답하였어요. 그때 태극기가 나서서 말했어요.

"얘들아, 우리가 사는[住: 살 ⑪　] 곳[所: 바 ⑫　]은 이 자리야. 너희들이 모두 없어지면 여기는 어떨 것 같니? 우리 모두가 함께 있어야 만국기가 되는 거잖아. 우리가 해야 할 일을 잊었어?"

그러자 만국기들은 모두 고개를 끄덕였어요.

"맞아, 깜빡하고 있었어. 우린 지구 가족이었어!"

그 말에 모두가 깔깔대면서 환하게 웃었어요.

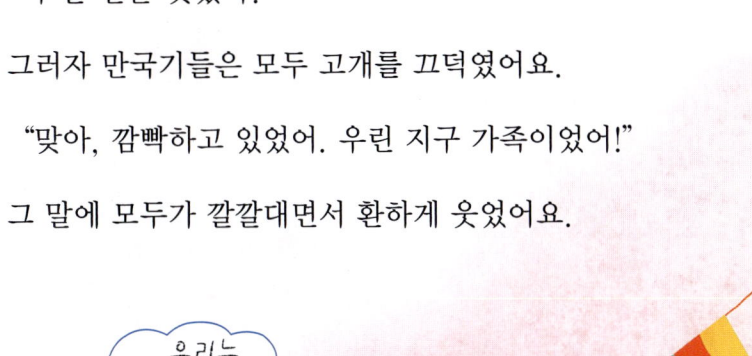

게임으로 쏙쏙~!

선민, 민우, 지연이가 각각 들고 있는 한자를 보고, 길을 따라가서 올바른 훈과 음에 ○표 하세요.

| 모범 답안 | 179쪽

◎ 다음 그림과 관계없는 한자어에 ×표 하세요.

100점 만점에 100점

1 다음 漢字語(한자어)에 맞는 音(음: 소리)을 연결하세요.

(1) 便紙 •　　　　　　　　　　　　• (ㄱ) 생일
(2) 韓食 •　　　　　　　　　　　　• (ㄴ) 편지
(3) 入室 •　　　　　　　　　　　　• (ㄷ) 한식
(4) 生日 •　　　　　　　　　　　　• (ㄹ) 입실

2 다음 밑줄 친 漢字語(한자어)의 音(음: 소리)을 쓰세요.

(1) 예전에는 조용하던 시골 마을에 工場(　　)이 많이 들어섰다.
(2) 아버지를 대신해 門中(　　)을 거느려야 하는 입장이 되었다.
(3) 한 집안의 家長(　　) 노릇을 하기가 그리 쉬운 게 아니다.
(4) 우리 할머니는 유난히 韓食(　　)보다 중국 음식을 좋아하신다.

3 다음 빈칸에 맞는 漢字(한자)의 訓(훈: 뜻)을 쓰세요.

(1) 場所(　　 장, 　 소)
(2) 電車(　　 전, 　　 차)
(3) 室外(　 실, 　　 외)
(4) 手中(　 수, 　　 중)

4 다음 밑줄 친 낱말 뜻에 맞는 漢字(한자)를 보기에서 찾아 기호를 쓰세요.

| 보기 | (ㄱ) 住　(ㄴ) 車　(ㄷ) 場　(ㄹ) 旗 |

(1) 부지런한 농부는 벌써 볏짚을 수레에 다 실어 날랐다.　(　　)
(2) 행복은 먼 곳이 아니라 우리 마음 속에 살고 있다.　(　　)
(3) 볕이 환한 마당에 어미닭과 병아리들이 놀고 있다.　(　　)
(4) 바람에 휘청이는 장대에 찢어진 깃발이 초라하다.　(　　)

5 빈칸에 들어갈 漢字(한자)에 맞는 訓(훈: 뜻)과 音(음: 소리)을 보기에서 찾아 그 기호를 쓰세요.

> 보기   (ㄱ) 종이 지   (ㄴ) 날 일
>   (ㄷ) 들 입   (ㄹ) 집 실

(1) 겨울철에는 ☐內 공기가 건조해질 수 있으므로 환기가 필요하다.
(2) 나는 점심으로 ☐食을 먹었다.
(3) 유명 연예인의 결혼 소식이 모든 신문 ☐面을 가득 메우고 있다.
(4) 경기장 입구는 ☐場하는 사람들로 북새통을 이루고 있다.

6 다음 낱말의 뜻에 맞는 漢字語(한자어)를 보기에서 찾아 그 기호를 쓰세요.

> 보기   (ㄱ) 住所   (ㄴ) 南韓   (ㄷ) 電車   (ㄹ) 草家

(1) 사람이 사는 곳.   (   )
(2) 남북으로 분단된 대한민국의 휴전선 남쪽 지역.   (   )
(3) 짚이나 풀로 지붕을 엮은 집.   (   )
(4) 전기의 힘으로 궤도를 달리는 차.   (   )

7 다음 밑줄 친 부분에 맞는 漢字語(한자어)를 漢字(한자)로 쓰세요.

(1) 업무 시간이 끝나서 은행 정문(　　)을 이용할 수 없었다.
(2) 엄마는 새 아파트에 입주(　　)할 생각에 한껏 들떠 있었다.
(3) 우리 선수단이 기수(　　)를 앞세우고 입장하였다.
(4) 거세게 저항하던 그는 결국 백기(　　)를 들고 말았다.

한자 쏙쏙~! '자연'과 관계있는 한자

한자를 한 글자 한 글자 자세히 공부해 보아요.

스스로 자 부수: 自 | 총획: 6획

´ 亻 冂 甪 自 自

 이렇게 만들어졌군!

코의 모양을 본뜬 글자로, 중국에서는 자기 자신을 지칭할 때 흔히 손가락으로 코를 가리킨다는 데서 '자기, 스스로'의 뜻을 나타냄.

 이렇게 쓰이는군!

- 自動(자동): 자기 스스로의 힘으로 움직임. 또는 그런 기계.
- 自活(자활): 자기 힘으로 살아감.

그럴 연 부수: 火(灬) | 총획: 12획

→ 그러하다: 상태, 모양, 성질 등이 그와 같다.

´ ク 夕 夕 夕 外 歼 伏 然 然

이렇게 만들어졌군!

肉(月, 고기 육)과 犬(개 견)과 灬(火, 불 화)를 합친 글자로, 개[犬] 고기[月]를 먹을 때, 불[灬]에 그슬려 먹어야 제맛이라는 데서 '그러하다'는 뜻이 됨.

 이렇게 쓰이는군!

- 然後(연후): 그런 뒤.
- 自然(자연): 인공을 가하지 않은 본디 그대로의 상태.

번개 전 부수: 雨 | 총획: 13획

` ー 厂 戸 币 雨 雨 雨 雷 雷 電

이렇게 만들어졌군!

번개칠 때 구름 사이로 나타나는 번갯불의 모양을 본뜬 글자로, '번개, 전기'의 뜻을 나타냄. 후에 '雨'를 덧붙였음.

 이렇게 쓰이는군!

- 電動(전동): 전기의 힘으로 움직임.
- 電力(전력): 전기로 인해 발생하는 힘.

하늘 천 부수: 大 총획: 4획

一 二 千 天

이렇게 만들어졌군!

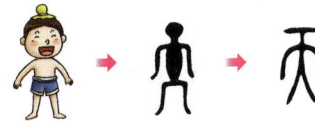

본래는 사람의 머리 부분을 강조하여 '위, 꼭대기'를 가리키는 글자였으나, 후에 사람 머리 위의 높고 넓은 허공이라는 데서 '하늘'의 뜻을 나타냄.

이렇게 쓰이는군!

- 天地(천지): 하늘과 땅. '세상', '우주'의 뜻으로 이르는 말.
- 靑天(청천): 푸른 하늘.

땅 지 부수: 土 총획: 6획

一 十 土 耂 地 地

이렇게 만들어졌군!

土(흙 토)와 也(어조사 야)가 합쳐진 글자로, 也는 큰 뱀이 꿈틀거리는 모양을 뜻함. 즉, 꾸불꾸불 이어진(也) 지형(土)이라는 데서 '땅'의 뜻을 나타냄.

이렇게 쓰이는군!

- 地方(지방): 어느 지역의 땅. 서울 이외의 지역.
- 外地(외지): 자기가 사는 곳 밖의 다른 고장.

수풀 림 부수: 木 총획: 8획

이렇게 만들어졌군!

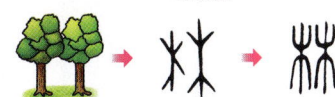

두 그루의 나무가 나란히 서 있는 모양을 본뜬 글자로, 나무가 많다는 데서 '수풀'의 뜻을 나타냄.

이렇게 쓰이는군!

- 農林(농림): 농업과 임업.
- 山林(산림): 산과 숲, 또는 산이 있는 숲.

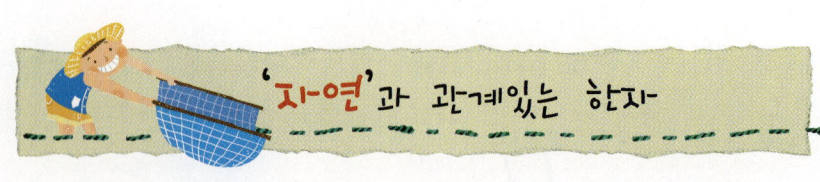

'자연'과 관계있는 한자

한자를 한 글자 한 글자 자세히 공부해 보아요.

메 산 부수: 山 | 총획: 3획
→ 메: 산의 옛말.

丨 山 山

이렇게 만들어졌군!

나란히 늘어서 있는 세 개의 산봉우리 모양을 본뜬 글자로, '산'의 뜻을 나타냄.

이렇게 쓰이는군!

- 山所(산소): 묘가 있는 곳.
- 江山(강산): 강과 산이라는 뜻으로, 자연의 경치를 이르는 말. 나라의 땅.

내 천 부수: 巛(川) | 총획: 3획
→ 내: 냇물.

丿 丿 川

이렇게 만들어졌군!

하천이 구불구불하게 흘러가는 모양을 본뜬 글자로, '냇물'의 뜻을 나타냄.

이렇게 쓰이는군!

- 山川(산천): 산과 냇물, 자연.
- 江川(하천): 강과 시내.

강 강 부수: 水(氵) | 총획: 6획

丶 丶 氵 氵 汀 江 江

이렇게 만들어졌군!

氵(水, 물 수)와 工(장인 공)이 합쳐진 글자로, 본래는 물줄기(氵)가 굽이치는(工) 중국의 장강(長江)을 가리켰음. 후에 큰 '강'을 통칭하는 뜻으로 쓰임.

이렇게 쓰이는군!

- 江村(강촌): 강가에 있는 마을.
- 漢江(한강): 대한민국 서울을 가로질러 흐르는 강.

바다 해 부수: 水(氵) | 총획: 10획

丶 丶 氵 氵 汇 汇 海 海 海 海

이렇게 만들어졌군!

氵(물 수)와 每(매양 매)가 합쳐진 글자로, 每는 '어둡다'는 의미임. 즉, 깊고 어두운(每) 물(氵)이라는 데서 '바다'의 뜻을 나타냄.

이렇게 쓰이는군!

- 海軍(해군): 바다를 지키는 군대.
- 海外(해외): 바다 밖의 다른 나라.

꽃 화 부수: 艸(艹) | 총획: 8획

一 十 艹 艹 艹 芢 花 花

이렇게 만들어졌군!

본래는 한 송이의 꽃 모양을 본뜬 글자로, 풀(艹)싹이 변하여(化) 꽃봉오리를 맺는다는 데서 '꽃'의 뜻을 나타냄.

이렇게 쓰이는군!

- 花草(화초): 꽃과 풀.
- 國花(국화): 한 나라를 상징하는 꽃.

풀 초 부수: 艸(艹) | 총획: 10획

一 十 艹 艹 艹 苔 苔 草 草

이렇게 만들어졌군!

한 포기의 풀 모양을 본뜬 글자로, 후에 한 포기의 풀을 덧붙여 '풀'의 뜻을 나타냄. 早(일찍 조)는 음을 나타냄.

이렇게 쓰이는군!

- 草地(초지): 풀이 나 있는 땅.
- 海草(해초): 바다에서 자라는 풀을 통틀어 이르는 말.

동화로 쏙쏙~!
봄나들이 나온 번개

동화를 읽으며 한자의 음을 써 보아요.

　봄이 되어 산[山: 메 ①　]에도 들에도 풀[草: 풀 ②　]이 무성해 수풀[林: 수풀 ③　]이 우거지고, 꽃[花: 꽃 ④　]이 많이 피어났어요. 하늘[天: 하늘 ⑤　]에 있는 구름 집에는 비와 바람, 그리고 천둥과 번개[電: 번개 ⑥　], 우박과 눈 등이 살고 있었어요. 그들은 항상 구름 집에 숨어서 땅[地: 땅 ⑦　]을 내려다보았어요.

　"땅에 꽃이 엄청 피었어."

　번개가 눈을 휘둥그레 뜨면서 말했어요.

　"그러게, 너무 예쁘다. 꽃은 어쩌면 저렇게 예쁜 꽃을 피울까?"

　비도 환하게 웃으면서 말했어요.

　"이런 날 나도 꽃들이 있는 곳으로 봄나들이 가고 싶어." 번개가 말했어요.

　"넌 안 돼! 무슨 마른하늘에 날 벼락 칠 일 있니?"

　비는 번개에게 버럭 소리를 지르고는 바람과 함께 아래로 아래로 내려갔어요.

야호! 신난다. 미녀 꽃들 만나러 가야지!

나도 가고 싶은데……

자연과 관계있는 한자

| 모범 답안 | 179쪽

하늘에서 주룩주룩 비가 내리자 내[川: 내 ⑧　]에도, 강[江: 강 ⑨　]에도, 바다[海: 바다 ⑩　]에도 물이 많아졌어요.

봄의 건조한 기운은 내리는 비에 씻겨 내려 갔지요. 그 모습을 보던 번개는 기분이 좋지 않았어요. 자기도 봄꽃들을 보고 싶었기 때문이에요.

"흥! 나도 따라 내려갈 테야!"

번개는 구름을 타고 내려갔어요. 그런[然: 그럴 ⑪　] 다음, '나도 왔다, 뭐!' 하고 큰 소리로 외쳤지요. 그러자 하늘이 번쩍번쩍 하고 빛이 났어요.

"무서워! 봄 날씨가 갑자기 이상해!"

꽃들과 풀들은 무서워서 고개를 푹 숙였어요.

봄꽃을 보러 왔던 번개는 자신 때문에 무서워하는 모습을 보자 미안해졌어요.

"놀라게 해서 미안해. 금방 돌아갈게."

번개는 잠시 반짝하고는 금세 스스로[自: 스스로 ⑫　] 돌아갔어요. 봄꽃들은 번개에게 고마워서 몸을 흔들면서 인사를 했답니다.

게임으로 쏙쏙~!

일환이네 가족은 방학을 맞아 여행을 가려고 해요. 일환이와 아빠가 나누는 대화 속에서 밑줄 친 부분에 해당하지 않는 한자에 ×표 하세요.

방학을 맞아 일환이는 신이 났습니다. 모처럼 여행을 떠날 기분에 설레는 것입니다. 일환이네 가족은 어디로 가야할 지 결정이 쉽지 않았지만 이것저것 생각해 보는 것도 즐거운 고민이라 행복했습니다.

일환아, 너는 어디로 가고 싶니?

지난 <u>해</u>에 <u>바다</u>로 놀러갔다가 사람들이 너무 많아 힘들었잖아요.

그랬지, 그래서 이번에는 한적한 <u>산</u>으로 가 볼까 생각했단다. <u>숲</u> 속 맑은 공기도 마시고, <u>풀</u> 냄새, <u>꽃</u> 냄새도 맡고 생각만해도 상쾌해지는 것 같지 않니?

아, 그러셨군요.
그런데 산도 좋지만 저는 <u>강</u>이 있는 곳으로 가 보고 싶어요.

참 좋은 생각이구나. 아빠도 어릴적 시골 <u>냇물</u>에 발 담그고 놀던 기억이 나는구나. 오랜만에 하늘과 <u>땅</u>을 친구삼아 쉴 수 있겠구나.

하하! 아빠, 벌써부터 방학이 기다려져요.

| 모범 답안 | 179쪽

아래 게임 방법에 맞게 한자어에 해당하는 그림과 연결되도록 사다리를 완성해 보세요.

게임방법: 세로선만 있는 사다리에 가로선을 적당히 그어 각 한자어와 일치하는 그림이 만나도록 합니다. 혼자서 어려우면 부모님께 도움을 받아 함께 해 보아요.

花草　山所　電力　山林　海軍

하나. 배정 한자 익히기

100점 만점에 100점

1 다음 漢字語(한자어)에 맞는 音(음: 소리)을 연결하세요.

(1) 然後 ·   · (ㄱ) 해초
(2) 電動 ·   · (ㄴ) 전동
(3) 海草 ·   · (ㄷ) 외지
(4) 外地 ·   · (ㄹ) 연후

2 다음 밑줄 친 漢字語(한자어)의 音(음: 소리)을 쓰세요.

(1) 나는 신체의 장애를 딛고 일어서 自活(　　)에 성공했다.
(2) 우리나라의 행정 구역은 주로 山川(　　)을 경계로 나뉜다.
(3) 그 맑던 靑天(　　)에 갑자기 먹구름이 끼더니 비가 내렸다.
(4) 山所(　　)에 도착하니 삼촌이 벌써 와서 풀을 베고 계셨다.

3 다음 빈칸에 맞는 漢字(한자)의 訓(훈: 뜻)을 쓰세요.

(1) 農村(　　 농, 　　 촌)
(2) 山川(　 산, 　 천)
(3) 自動(　　 자, 　　 동)
(4) 海外(　　 해, 　　 외)

4 다음 밑줄 친 낱말 뜻에 맞는 漢字(한자)를 보기에서 찾아 기호를 쓰세요.

| 보기 | (ㄱ) 林　　(ㄴ) 電　　(ㄷ) 川　　(ㄹ) 海 |

(1) 엄마와 손을 잡고 수풀을 거닐었다.   (　　　)
(2) 마을 가운데로 냇물이 시원하게 흐르고 있다.   (　　　)
(3) 파도가 심해서 바다에 나갈 수가 없다.   (　　　)
(4) 천둥과 번개를 동반한 비가 내렸다.   (　　　)

5 빈칸에 들어갈 漢字(한자)에 맞는 訓(훈: 뜻)과 音(음: 소리)을 보기 에서 찾아 그 기호를 쓰세요.

> 보기　　㈀ 번개 전　　㈁ 메 산
> 　　　　㈂ 땅 지　　　㈃ 꽃 화

(1) 향기로운 生▢로 만든 꽃다발이 여기저기서 받았다.
(2) 목장을 운영하기 위해서는 소를 먹일 넓은 草▢가 있어야 한다.
(3) 우리가 서로 알고 지낸지 벌써 10년, 江▢도 변하는 시간이다.
(4) 여름철에는 ▢力이 부족하여 전기가 끊기는 현상이 발생한다.

6 다음 낱말의 뜻에 맞는 漢字語(한자어)를 보기 에서 찾아 그 기호를 쓰세요.

> 보기　　㈀ 空然　　㈁ 電動　　㈂ 山林　　㈃ 花木

(1) 어떤 까닭이나 이유가 없음.　　　　　　　　　(　　　)
(2) 꽃이 피는 나무.　　　　　　　　　　　　　　(　　　)
(3) 전기의 힘으로 돌아감.　　　　　　　　　　　(　　　)
(4) 산과 숲.　　　　　　　　　　　　　　　　　(　　　)

7 다음 밑줄 친 부분에 맞는 漢字語(한자어)를 漢字(한자)로 쓰세요.

(1) 하얀 눈이 천지(▢▢)를 뒤덮어 소금을 뿌린 듯 하얗다.
(2) 우리 아빠와 삼촌은 해군(▢▢)을 나오셨다.
(3) 우리의 승전보가 널리 해외(▢▢) 동포들에게까지 전해졌다.
(4) 이 냇물은 자연적으로 생긴 자생천(▢▢▢)이라고 한다.

한자 쏙쏙~! '사물 상태'와 관계있는 한자

한자를 한 글자 한 글자 자세히 공부해 보아요.

큰 **대** → 크다
부수: 大 | 총획: 3획

一 ナ 大

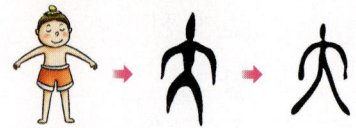

이렇게 만들어졌군!

한 사람이 두 팔과 다리를 벌리고 서 있는 모습을 본뜬 글자로, 팔과 다리를 크게 벌리고 서 있는 데서 '크다'의 뜻을 나타냄.

이렇게 쓰이는군!

- **大氣**(대기): 지구를 둘러싸고 있는 공기.
- **大門**(대문): 집이나 건물의 큰 문.

작을 **소** → 작다
부수: 小 | 총획: 3획

亅 小 小

이렇게 만들어졌군!

세 개의 작은 세로로 된 점 모양을 본뜬 글자로, '작다'의 뜻을 나타냄.

이렇게 쓰이는군!

- **小食**(소식): 음식을 적게 먹음.
- **小人**(소인): 나이가 어린 사람. 키나 몸집이 작은 사람.

긴 **장** → 길다
부수: 長 | 총획: 8획

丨 丆 闩 F 토 툰 長 長

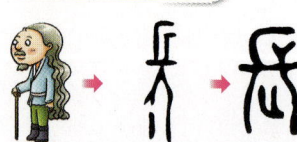

이렇게 만들어졌군!

노인(어른)의 머리 위에 머리카락이 길게 자라나 있는 모습을 본뜬 글자로, 노인(어른)의 머리카락이 길다는 데서 '길다, 어른'의 뜻을 나타냄.

이렇게 쓰이는군!

- **長女**(장녀): 집안의 맏딸.
- **校長**(교장): 학교를 대표하는 어른.

重

무거울 **중** 부수: 里 총획: 9획
↳ 무겁다

一 二 千 千 台 台 盲 重 重

重

이렇게 만들어졌군!

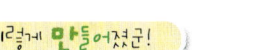

人(사람 인)과 東(동녘 동)이 합쳐진 글자로, 東은 주머니에 넣은 짐을 의미함. 즉, 사람(人)이 짐(東)을 짊어진다는 데서 '무겁다'의 뜻을 나타냄.

이렇게 쓰이는군!

- 重大(중대): 매우 중요하고 큼.
- 重力(중력): 지구 위의 물체가 지구로부터의 받는 힘.

平

평평할 **평** 부수: 干 총획: 5획
↳ 평평하다, 고르다.

一 二 丆 丕 平

平

이렇게 만들어졌군!

물건의 무게를 재는 저울의 모양을 본뜬 글자로, 저울이 수평을 이룬다는 데서 '평평하다, 고르다'의 뜻을 나타냄.

이렇게 쓰이는군!

- 平生(평생): 사람이 세상에 태어나서 죽을 때까지.
- 不平(불평): 마음에 들지 않아 못마땅하게 여김.

方

모 **방** 부수: 方 총획: 4획
↳ 네모, 방향, 방법

丶 一 亍 方

方

이렇게 만들어졌군!

칼자루의 모양을 본뜬 글자로, 본래의 의미는 '칼자루'였음. 후에 의미가 변하여 '네모, 방향, 방법' 등의 뜻으로 쓰임.

이렇게 쓰이는군!

- 方便(방편): 때에 따라 일을 편하게 치울 수 있는 방법.
- 地方(지방): 어느 방면의 땅. 서울 이외의 지역.

'사물 상태'와 관계있는 한자

한자를 한 글자 한 글자 자세히 공부해 보아요.

빌 공 | 부수: 穴 | 총획: 8획

→ 비다: 일정한 공간에 사람, 사물 등이 들어 있지 아니하게 되다.

丶 宀 宀 宊 空 空 空

穴(구멍 혈)과 工(장인 공)이 합쳐진 글자로, 연장(工)으로 땅을 파낸 구멍(穴)이 비어 있다는 데서 '비다'는 뜻을 나타냄.

- 空間(공간): 아무것도 없는 빈 곳.
- 空中(공중): 하늘과 땅 사이의 빈 곳.

온전 전 | 부수: 入 | 총획: 6획

→ 온전하다: 본바탕 그대로다.

丿 入 𠆢 仝 全 全

入(들 입)과 玉(구슬 옥)이 합쳐진 글자로, 구슬(玉)을 잘 다듬어 집 안에 들여놓고(入) 온전하게 간직한다는 데서 '온전하다'의 뜻을 나타냄.

- 全國(전국): 온 나라.
- 全力(전력): 모든 힘.

한가지 동 | 부수: 口 | 총획: 6획

丨 冂 冂 同 同 同

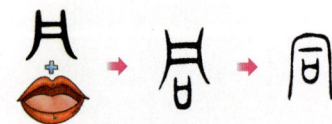

凡(모두 범)과 口(입 구)가 합쳐진 글자로, 모든(凡) 사람들이 입(口)으로 똑같이 말한다는 데서 '한가지, 같다'는 뜻을 나타냄.

- 同名(동명): 이름이 서로 같음.
- 同一(동일): 어떤 것과 비교하여 똑같음.

教學相長
가르칠 교　배울 학　서로 상　긴 장

'가르치고 배우면서 서로 성장하다.'라는 뜻으로, 스승은 학생을 가르치면서 성장하고, 제자는 배움으로써 진보한다는 말이에요.

동화를 읽으며 한자의 음을 써 보아요.

아주 몸집이 작은[小: 작을 ①   ] 동그라미 지우개가 있었어요.

동그라미 지우개는 자신과 다르게 몸집이 큰[大: 큰 ②   ] 네모 지우개만 보면 부러웠어요.

'나도 네모 지우개처럼 몸집이 커지고 싶어!'

동그라미 지우개는 세모난 지우개를 봐도 부러웠어요.

'나도 세모 지우개처럼 조금만 더 길어지면[長: 긴 ③   ] 좋겠어!'

이처럼 동그라미 지우개는 자신에 대해 늘 불만이 많았어요. 네모, 세모 지우개는 평평한[平: 평평할 ④   ] 바닥에 떨어져도 금방 주울 수 있었지만 동그라미 지우개는 그렇지 않았죠. 이쪽 방향[方: 모 ⑤   ]으로도 굴러가고, 저쪽 방향으로도 굴러가고 주인이 찾을 수 없는 곳까지 굴러가는 경우가 많았으니까요.

'내가 조금만 더 무거우면[重: 무거울 ⑥   ] 굴러가지 않을 텐데.'

아이쿠, 이것봐! 난 너무 잘 굴러서 탈이야!

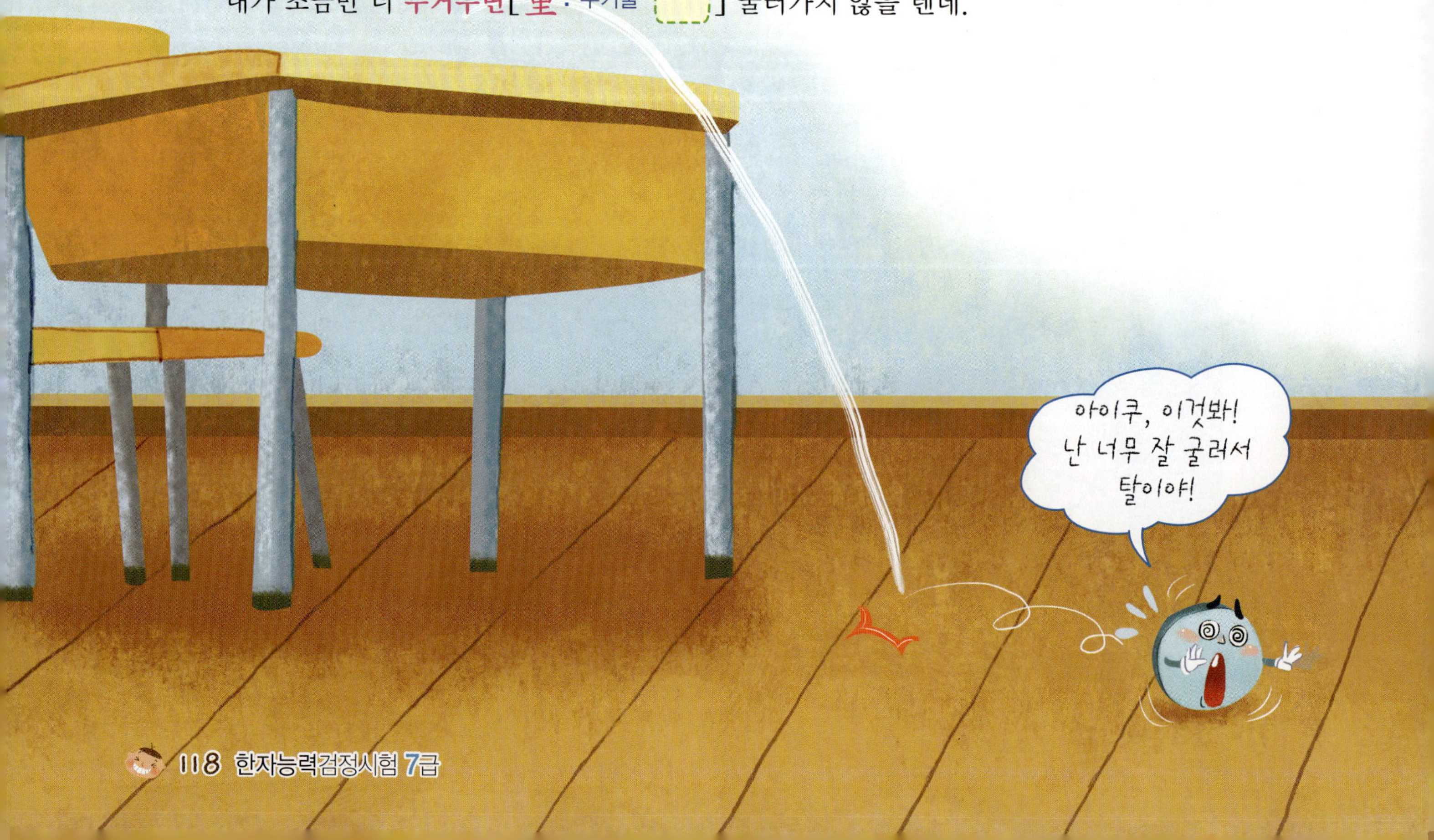

사물 상태와 관계있는 한자

| 모범 답안 | 179쪽

하지만 동그라미 지우개는 처음 샀을 때의 온전[全: 온전 ⑦   ]한 모습에서 점점 닳아서 몸이 많이 가벼워진 상태였어요.

'주인이 날 떨어뜨려서 어딘지도 모를 빈[空: 빌 ⑧   ] 곳에서 살아야 할지도 몰라. 아니면 쓰레기통 안으로 들어가서 영영 없어지게 될지도 몰라.'

이렇게 불안하게 생각하고 있을 때였어요. 바람이 휙 불더니 책상에 있던 동그라미 지우개가 데굴데굴 굴러가기 시작했어요.

'으앙, 난 몰라! 생각대로 되어 버렸잖아!'

그런데 그때 누군가 동그라미 지우개가 굴러가는 방향을 막아 주었어요. 그건 바로 동그라미 지우개의 주인이었어요.

"어휴, 또 잃어버릴 뻔했네! 이번에도 없어지면 나 정말 슬펐을 거야. 네가 제일 잘 지워지는 최고 좋은 지우개란 말이야."

주인도 동그라미 지우개를 좋아하고, 동그라미 지우개도 주인 곁을 떠나기 싫었던 건 한가지[同: 한가지 ⑨   ] 마음이라는 것을 안 동그라미 지우개는 마음이 따뜻해지는 것을 느꼈답니다.

주인님! 만세!

게임으로 쏙쏙~!

한자의 훈과 음을 각각 선으로 연결지어 삼각형을 만들어 보아요.

| 모범 답안 | 180쪽

훈과 음에 맞는 한자가 완성이 되도록 알맞은 조각을 찾아 ○표 하세요.

큰 대

작을 소

하나. 배정 한자 익히기

100점 만점에 100점

1 다음 漢字語(한자어)에 맞는 音(음: 소리)을 연결하세요.

(1) 方便 •   • (ㄱ) 방편
(2) 不全 •   • (ㄴ) 중대
(3) 重大 •   • (ㄷ) 대문
(4) 大門 •   • (ㄹ) 부전

2 다음 밑줄 친 漢字語(한자어)의 音(음: 소리)을 쓰세요.

(1) 새는 <u>空中</u>(☐☐)을 맘껏 날았다.
(2) 너는 시험을 망치고도 계속 <u>不平</u>(☐☐)만 늘어놓는구나.
(3) 자존심이 상한 나는 <u>全力</u>(☐☐)을 다해 달려 그를 앞질렀다.
(4) 아침 조례 시간에 <u>校長</u>(☐☐) 선생님 훈화를 들었다.

3 다음 빈칸에 맞는 漢字(한자)의 訓(훈: 뜻)을 쓰세요.

(1) 平時(☐☐ 평, ☐ 시)
(2) 同名(☐☐ 동, ☐☐ 명)
(3) 重力(☐☐ 중, ☐ 력)
(4) 空間(☐ 공, ☐☐ 간)

4 다음 밑줄 친 낱말 뜻에 맞는 漢字(한자)를 보기에서 찾아 기호를 쓰세요.

| 보기 | (ㄱ) 平　　(ㄴ) 全　　(ㄷ) 同　　(ㄹ) 長 |

(1) 정신이 <u>온전하게</u> 박힌 사람이 그럴리가 있겠는가?   (   )
(2) 짧게 잘랐던 머리가 이제는 나보다 더 <u>길었다</u>.   (   )
(3) 밭에 농작물을 심기 전 땅을 <u>평평하게</u> 고르는 일이 먼저다. (   )
(4) 친척 동생은 내 동생과 <u>한가지</u>로 마음이 곱다.   (   )

5 빈칸에 들어갈 漢字(한자)에 맞는 訓(훈: 뜻)과 音(음: 소리)을 보기에서 찾아 그 기호를 쓰세요.

보기	(ㄱ) 모 방	(ㄴ) 큰 대
	(ㄷ) 평평할 평	(ㄹ) 작은 소

(1) 형부는 요즘 식사량을 줄여 ☐食하는 습관을 들이는 중이다.
(2) 심호흡을 하여 신선한 ☐氣를 들이마셨다.
(3) 그는 地☐에서 고등학교를 나왔다.
(4) 그녀는 ☐日에는 결코 집밖으로 나가지 않는 성격을 갖고 있다.

6 다음 낱말의 뜻에 맞는 漢字語(한자어)를 보기에서 찾아 그 기호를 쓰세요.

보기	(ㄱ) 大氣	(ㄴ) 平方	(ㄷ) 長女	(ㄹ) 小人

(1) 지구를 둘러싸고 있는 공기.　　　　　　　　　　(　　　)
(2) 나이가 어린 사람.　　　　　　　　　　　　　　　(　　　)
(3) 집안의 맏딸.　　　　　　　　　　　　　　　　　(　　　)
(4) 거리의 제곱.　　　　　　　　　　　　　　　　　(　　　)

7 다음 밑줄 친 부분에 맞는 漢字語(한자어)를 漢字(한자)로 쓰세요.

(1) 그 시절 동생(☐☐)들이 형의 옷을 물려 입는 경우가 많았다.
(2) 사람이 살지 않는지 그 집 대문(☐☐)은 늘 잠겨져 있었다.
(3) 제가 선생님께 평생(☐☐) 갚아도 모자랄 은혜를 입었네요.
(4) 내 생각은 그의 생각과 거의 동일(☐☐)하였다.

한자 쏙쏙~! '사람'과 관계있는 한자

한자를 한 글자 한 글자 자세히 공부해 보아요.

군사 **군** 부수: 車 | 총획: 9획

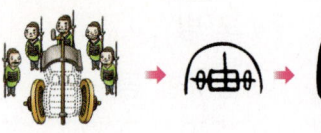

군사들이 전차를 빙 둘러싸고 진을 치는 모양을 본뜬 글자로, '군사'의 뜻을 나타냄.

- 空軍(공군): 항공기를 이용하여 공격, 방어하는 군대.
- 國軍(국군): 나라 안팎의 적으로부터 나라를 보존하기 위하여 만들어진 군대.

사람 **인** 부수: 人 | 총획: 2획

두 손을 앞으로 뻗고 서 있는 사람의 옆모습을 본뜬 글자로, '사람'의 뜻을 나타냄.

- 人物(인물): 생김새나 됨됨이로 본 사람. 뛰어난 사람.
- 老人(노인): 나이가 들어 늙은 사람.

백성 **민** 부수: 氏 | 총획: 5획

날카로운 무기로 포로의 왼쪽 눈을 찌르는 모습을 본뜬 글자로, 본래의 뜻은 '노예'를 가리켰음. 후에 '백성'의 뜻으로 의미가 변함.

- 民家(민가): 일반 백성들이 사는 집.
- 國民(국민): 국가를 구성하는 사람. 또는 그 나라의 국적을 가진 사람.

임금 **왕** 부수: 玉(王) 총획: 4획

一 二 干 王

이렇게 만들어졌군!

한 자루의 커다란 도끼의 모양을 본뜬 글자로, 고대에는 도끼가 왕의 권위를 상징한다는 데서 '왕'의 뜻을 나타냄.

이렇게 쓰이는군!

- 王子(왕자): 임금의 아들.
- 國王(국왕): 나라의 임금.

사내 **남** 부수: 田 총획: 7획
↳ 사내: 남자.

ノ 口 曰 田 田 男 男

이렇게 만들어졌군!

田(밭 전)과 力(힘 력)이 합쳐진 글자로, 力은 농기구인 '쟁기'를 가리킨다. 즉, 쟁기(力)로 밭(田)을 가는 일은 주로 사내(남자)가 한다는 데서 '사내'의 뜻을 나타냄.

이렇게 쓰이는군!

- 男女(남녀): 남자와 여자.
- 男便(남편): 결혼을 하여 여자의 짝이 된 남자를 그 여자에 상대하여 이르는 말.

계집 **녀** 부수: 女 총획: 3획
↳ 여자: '여자'를 낮추어 이르는 말.

ㄑ 夊 女

이렇게 만들어졌군!

한 여자가 두 손을 얌전하게 가슴에 올려놓은 채 무릎을 꿇고 앉아 있는 모습을 본뜬 글자로, '여자'의 뜻을 나타냄.

이렇게 쓰이는군!

- 女子(여자): 여성으로 태어난 사람.
- 父女(부녀): 아버지와 딸.

한자를 한 글자 한 글자 자세히 공부해 보아요.

늙을 로 부수: 老 총획: 6획

늙다: 사람이나 동물, 식물 등이 나이를 먹다.

一 + 土 耂 耂 老

이렇게 만들어졌군!

등은 구부정하고 머리카락은 듬성듬성한 사람이 손에 지팡이를 짚고 걸어가는 모습을 본뜬 글자로, '늙다'의 뜻을 나타냄.

이렇게 쓰이는군!

'老'는 두음법칙에 의해서 단어의 첫머리에 오면 '노'로 발음이 되요.

- 老少(노소): 늙고 젊음. 늙은이와 젊은이.
- 年老(연로): 나이가 많음.

적을 소 부수: 小 총획: 4획

적다: 분량, 정도가 일정한 기준에 미치지 못하다.

亅 小 小 少

이렇게 만들어졌군!

작은 모래의 알갱이를 본뜬 글자로, 돌이나 바위가 깎이거나 부서져서 양이 적어졌다는 데서 '적다'의 뜻을 나타냄. 후에 의미가 확장되어 '젊다'는 뜻도 갖게 됨.

이렇게 쓰이는군!

- 少女(소녀): 아직 완전히 성숙하지 않은 여자아이.
- 少年(소년): 아직 완전히 성숙하지 않은 남자아이.

인간 세 부수: 一 총획: 5획

一 + 卄 丗 世

이렇게 만들어졌군!

몇 개의 나뭇잎이 이어져 있는 모양을 본뜬 글자로, 해마다 마른 잎이 떨어지고 새 잎이 돋아나는 것이 인간의 세계와 같다는 데서 '인간'의 뜻을 나타냄.

이렇게 쓰이는군!

- 世上(세상): 사람이 살고 있는 모든 사회를 통틀어 이르는 말.
- 出世(출세): 높은 지위에 오르거나 유명해짐.

工

장인 공 부수: 工 | 총획: 3획

└→ 장인: 예술가의 창작 활동이 심혈을 기울여 물건을 만드는 것과 같다는 뜻으로, 예술가를 이르는 말.

一 T 工

이렇게 만들어졌군!

칼날이 둥그렇게 되어 있는 모양을 본뜬 글자로, 본래의 뜻은 '연장'이다. 후에 그 의미가 확장되어 연장을 이용하여 일하는 사람인 '장인'을 뜻하게 됨.

이렇게 쓰이는군!

- 工夫(공부): 학문이나 기술을 배우고 익힘.
- 工事(공사): 집이나 물건 등을 만들어 내는 일.

主

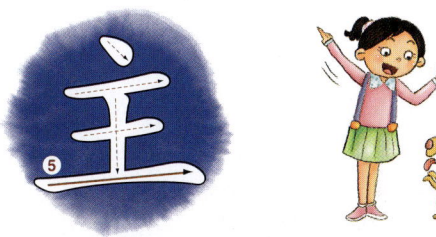

주인 주 부수: 丶 | 총획: 5획

丶 一 ニ 主 主

이렇게 만들어졌군!

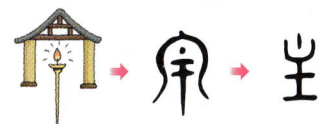

횃불의 모양을 본뜬 글자로, 고대에는 불씨가 귀중해서 종족이나 집단의 우두머리가 그것을 보관한다는 데서 '주인'의 뜻을 나타냄.

이렇게 쓰이는군!

- 主力(주력): 어떤 일에 힘을 실어 함.
- 民主(민주): 나라의 주인된 권리가 국민에게 있음.

夫

지아비 부 부수: 大 | 총획: 4획

└→ 지아비: '남편'을 예스럽게 이르는 말.

一 二 夫 夫

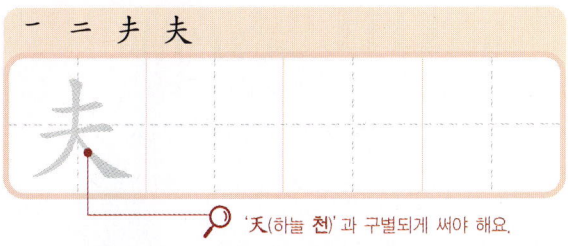

→ '天(하늘 천)'과 구별되게 써야 해요.

이렇게 만들어졌군!

머리에 비녀를 꽂고 정면을 보고 서 있는 사람의 모습을 본뜬 글자로, 옛날에는 남자가 결혼을 하게 되면 비녀를 꽂는다는 데서 '지아비(남편)'의 뜻을 나타내게 됨.

이렇게 쓰이는군!

- 農夫(농부): 농사짓는 것을 직업으로 하는 사람.
- 人夫(인부): 품삯을 받고 일하는 사람.

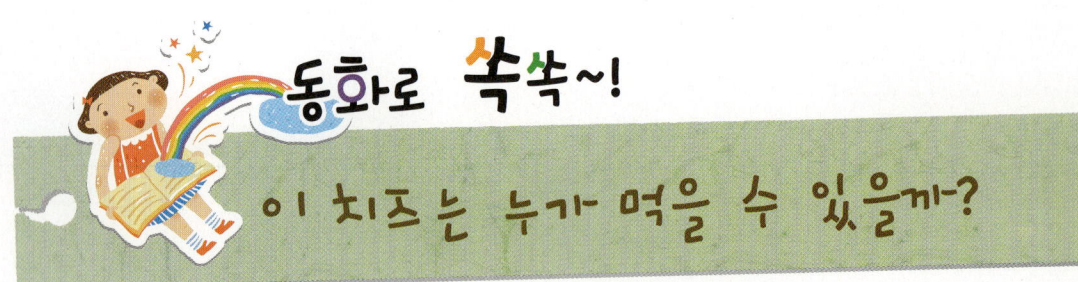

동화로 쏙쏙~!
이 치즈는 누가 먹을 수 있을까?

동화를 읽으며 한자의 음을 써 보아요.

사람[人: 사람 ❶　　]들이 먹을 것을 남기지 않았기 때문에 쥐 나라에 흉년이 들었어요.

그래서 쥐 나라 백성[民: 백성 ❷　　]들은 아주 배가 고팠어요. 남자[男: 사내 ❸　　] 쥐,

여자[女: 계집 ❹　　] 쥐, 늙은[老: 늙을 ❺　　] 쥐, 어린 쥐 할 것 없이 모두 배가 고파 꼬

르륵 소리가 천둥만큼 크게 났지요. 그러던 어느날, 군인[軍: 군사 ❻　　] 쥐가 커다란 치즈

를 발견하고는 너무 배가 고파서 한 입 베어 물려고 하던 그때였어요.

"꼬르륵……."

군인 쥐가 놀라 뒤를 돌아보니 임금[王: 임금 ❼　　] 쥐를 모시는 신하 쥐가 있었어요.

"지금 임금님께서도 굶주리고 있는데 네가 먼저 먹는다는 게 말이 되는 소리냐!"

군인 쥐는 머리를 긁적이며 임금 쥐에게 치즈를 몽땅 바쳤어요.

오랜만에 치즈를 만나는군.

임금님! 치즈를 바치옵니다.

사람과 관계있는 한자

| 모범 답안 | 180쪽

"오호, 이것이 얼마 만에 보는 치즈란 말이더냐!"

임금 쥐는 치즈를 한입에 꿀꺽 삼키려고 했어요. 그런데 바로 그때였어요.

"꼬르륵……." 임금의 부인인 왕비 쥐의 배에서 난 소리였어요.

"미안하오, 부인. 당신을 생각하지 못했구려."

하지만 왕비 쥐는 고개를 저으면서 말했어요.

"백성들 모두가 굶주리고 있는 이 상황에 우리 둘만 배불리 먹을 수는 없습니다. 이 치즈를 나라의 주인[主: 주인 ⑧   ]인 백성들과 나누어 먹도록 해 주세요."

임금 쥐는 수많은 백성들의 꼬르륵 소리가 귓전에서 맴도는 것 같았어요.

"여봐라, 장인[工: 장인 ⑨   ]이 만든 잘 드는 칼을 가지고 오너라."

임금 쥐는 백성들의 숫자 만큼 치즈를 잘라서 백성들에게 나누어 주었어요.

"세상[世: 인간 ⑩   ]에서 가장 온화한 임금이십니다."

왕비 쥐는 남편[夫: 지아비 ⑪   ]인 임금 쥐를 칭찬하였어요. 칭찬을 들은 임금 쥐는 비록 치즈를 적게[少: 적을 ⑫   ] 먹었지만, 치즈를 다 먹은 것보다 배가 더 불렀답니다.

임금님 만세! 치즈 만세!

우리 남편 최고!

게임으로 쏙쏙~!

🌀 다음의 힌트와 관계없는 한자의 뜻말을 골라 ×표 하고, 한자어를 완성해 보세요.

[힌트]
이 한자어는 '남자와 여자, 늙은이와 젊은이'
모든 사람을 일컫는 말입니다.

男 老 女 夫 少

| 모범 답안 | 180쪽

아이들이 신발을 잃어버렸어요. 훈과 음에 알맞은 한자를 따라가 신발 주인을 찾아 주세요.

하나. 배정 한자 익히기

100점 만점에 100점

1 다음 漢字語(한자어)에 맞는 音(음: 소리)을 연결하세요.

(1) 年少 •　　　　　　　　• ㉠ 공사
(2) 出世 •　　　　　　　　• ㉡ 노인
(3) 工事 •　　　　　　　　• ㉢ 연소
(4) 老人 •　　　　　　　　• ㉣ 출세

2 다음 밑줄 친 漢字語(한자어)의 音(음: 소리)을 쓰세요.

(1) 올해 운동회에서는 <u>靑軍</u>(□□)이 백군을 이겼다.
(2) 이 시기에는 품삯이 비싸 <u>人夫</u>(□□)를 구하기 매우 힘들다.
(3) 낙랑 공주와 호동 <u>王子</u>(□□) 책을 읽었다.
(4) <u>農夫</u>(□□)는 때를 맞춰 씨를 뿌려야 풍성한 결실을 얻는다.

3 다음 빈칸에 맞는 漢字(한자)의 訓(훈: 뜻)을 쓰세요.

(1) 少年(□□ 소, □ 년)
(2) 國王(□□ 국, □□ 왕)
(3) 民家(□□ 민, □ 가)
(4) 世上(□□ 세, □ 상)

4 다음 밑줄 친 낱말 뜻에 맞는 漢字(한자)를 보기에서 찾아 기호를 쓰세요.

| 보기 | ㉠ 少　　㉡ 男　　㉢ 女　　㉣ 民 |

(1) 지나가는 <u>여자</u>에게 길을 물어 겨우 찾아갈 수 있었다.　(　　)
(2) 권세 부리는 양반들은 <u>백성</u>들을 빼앗는 도적이다.　(　　)
(3) 사람 수가 <u>적어</u> 할인되는 금액이 많지 않았다.　(　　)
(4) 그 때 한 젊은 <u>남자</u>가 가게 문을 열고 들어왔다.　(　　)

5 빈칸에 들어갈 漢字(한자)에 맞는 訓(훈: 뜻)과 音(음: 소리)을 보기에서 찾아 그 기호를 쓰세요.

> 보기
> ㈀ 인간 세   ㈁ 사람 인
> ㈂ 늙을 로   ㈃ 계집 녀

(1) 자연환경은 後□에 물려줄 인류의 재산이다.
(2) 이 운동은 남녀□少에 관계 없이 누구나 집안에서 할 수 있다.
(3) 우리 집 父□는 유달리 사이가 좋다.
(4) 그는 목소리가 씩씩한데다가 □物까지 환하였다.

6 다음 낱말의 뜻에 맞는 漢字語(한자어)를 보기에서 찾아 그 기호를 쓰세요.

> 보기   ㈀ 年老   ㈁ 人物   ㈂ 男女   ㈃ 國民

(1) 생김새나 됨됨이로 본 사람.   (   )
(2) 나이가 많음.   (   )
(3) 나라의 백성.   (   )
(4) 남자와 여자.   (   )

7 다음 밑줄 친 부분에 맞는 漢字語(한자어)를 漢字(한자)로 쓰세요.

(1) 평화롭고 부강한 <u>민주</u>(□□) 국가 건설을 목표로 한다.
(2) 지연이는 <u>국군</u>(□□) 아저씨께 위문편지를 보냈다.
(3) 그녀는 회사에 들어가자마자 지금의 <u>남편</u>(□□)을 만났다.
(4) 마을에 <u>공부</u>(□□) 잘하는 아이들은 모두 도시로 진학했다.

한자 쏙쏙~! 그 밖의 한자

한자를 한 글자 한 글자 자세히 공부해 보아요.

물건 **물** 부수: 牛(牜) | 총획: 8획

` ` ` 亻 牜 牜 牞 物 物 物

牛(소 우)와 勿(말 물)이 합쳐진 글자로, 소는 가축 중에서 가장 크고 가치가 있는 것으로 물건의 대표라는 데서 '물건'의 뜻을 나타냄.

- 萬物(만물): 세상에 있는 모든 것.
- 名物(명물): 어느 지역의 이름난 사람이나 물건.

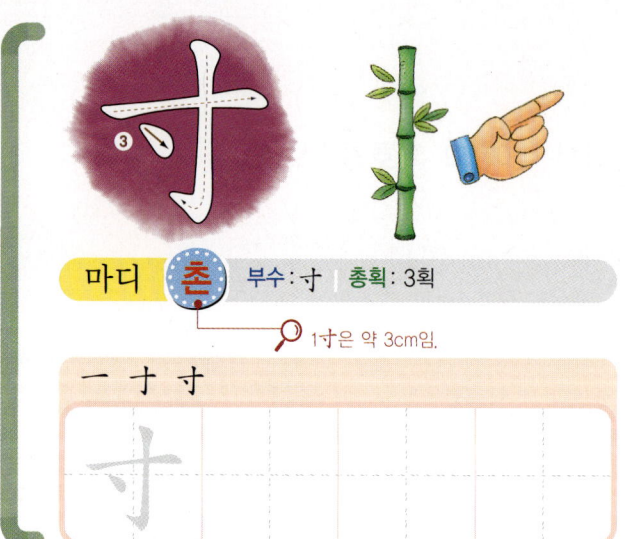

마디 **촌** 부수: 寸 | 총획: 3획

1寸은 약 3cm임.

一 寸 寸

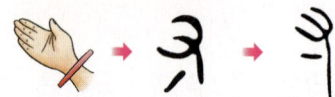

손의 모양을 본뜬 글자로, 손목에서 맥박이 뛰는 곳까지의 거리가 손가락 한 마디의 길이라는 데서 '마디'의 뜻을 나타냄.

- 寸數(촌수): 친족 사이의 멀고 가까운 정도를 나타내는 수.
- 寸外(촌외): 십 촌이 넘는 먼 친척.

마을 **촌** 부수: 木 | 총획: 7획

一 十 十 木 村 村 村

木(나무 목)과 寸(마디 촌)이 합쳐진 글자로, 수호신으로 삼는 큰 나무(木)를 중심으로 질서있게(寸) 모여 산다는 데서 '마을'의 뜻을 나타냄.

- 村老(촌로): 시골에 사는 늙은이.
- 農村(농촌): 주민의 대부분이 농업을 하는 마을이나 지역.

있을 **유** | 부수: 月 | 총획: 6획
있다

ノ ナ オ 有 有 有

이렇게 만들어졌군!

又(손·또 우)와 月(肉 육달월)이 합쳐진 글자로, 손(又)에 고기(月)를 들고 있다는 데서 '있다, 가지다'의 뜻을 나타냄.

이렇게 쓰이는군!

- 有力(유력): 힘이나 재산이 있음.
- 有名(유명): 사람들 사이에 이름이 널리 알려져 있음.

힘 **력** | 부수: 力 | 총획: 2획

フ 力

이렇게 만들어졌군!

밭을 가는 농기구인 쟁기의 모양을 본뜬 글자로, 밭을 갈기 위해서는 힘이 필요하다는 데서 '힘'의 뜻을 나타냄.

이렇게 쓰이는군!

- 國力(국력): 나라가 가진 힘.
- 水力(수력): 흐르거나 떨어지는 물의 힘.

성 **성** | 부수: 女 | 총획: 8획

く 乂 女 女 女ᅩ 女ᅩ 姓 姓

이렇게 만들어졌군!

女(계집 녀)와 生(날 생)이 합쳐진 글자로, 고대에는 여자(女)가 아이를 낳으면(生) 그 아이는 어머니의 성을 따른다는 데서 '성씨'의 뜻을 나타냄.

이렇게 쓰이는군!

- 姓名(성명): 성과 이름.
- 百姓(백성): 나라의 근본을 이루는 일반 국민을 예스럽게 이르는 말.

한자를 한 글자 한 글자 자세히 공부해 보아요.

이름 **명** | 부수: 口 | 총획: 6획

ノクタタ名名

이렇게 만들어졌군!

夕(저녁 석)과 口(입 구)가 합쳐진 글자로, 저녁(夕)에는 멀리 있는 사물을 잘 볼 수 없어 입(口)으로 이름을 불러야 한다는 데서 '이름'의 뜻을 나타냄.

이렇게 쓰이는군!

- 名門(명문): 이름 있는 집안. 이름난 좋은 학교.
- 地名(지명): 마을이나 지방, 산천, 지역 등의 이름.

한나라 **한** | 부수: 水(氵) | 총획: 14획

丶丶氵汁汁沽淆漢漢

이렇게 만들어졌군!

氵(水, 물 수)와 堇(진흙 근)이 합쳐진 글자로, 진흙(堇)이 많은 물(氵)이라는 데서 장강 상류인 '한수'의 뜻을 나타냄.

이렇게 쓰이는군!

- 漢文(한문): 한자로 쓰인 문장이나 문학.
- 漢字(한자): 중국에서 만들어진 오늘날에도 쓰고 있는 문자.

기운 **기** | 부수: 气 | 총획: 10획

ノ⺄气气氕氖氣氣氣

이렇게 만들어졌군!

공기의 흐름을 나타낸 글자로, 후에 米(쌀 미)를 더하여 '기운'의 뜻을 나타냄. 또 '三(석 삼)'과 구별하기 위하여 위와 아래의 두 선을 굽혀서 썼음.

이렇게 쓰이는군!

- 生氣(생기): 싱싱하고 힘찬 기운.
- 人氣(인기): 사람들로부터 얻는 좋은 관심이나 기운.

不

땅 속의 씨앗이 발아하여 뿌리를 뻗어가는 모양을 본뜬 글자로, 후에 의미가 변하여 '아니다'의 뜻을 나타냄.

아닐 불 / 부 부수: 一 | 총획: 4획

→ 아니다
→ '不' 뒤에 'ㄷ, ㅈ'이 오면 '부'로 읽어요.

一 フ ア 不

- 不動(부동): 물건이나 몸이 움직이지 않음. 생각이나 의지가 흔들리지 않음.
- 不安(불안): 마음이 편하지 않고 조마조마함.

命

令(명령 령)과 口(입 구)가 합쳐진 글자로, 본래의 뜻은 입(口)으로 내리는 명령(令)을 뜻하였음. 후에 의미가 확장되어 '목숨'이란 뜻도 생김.

목숨 명 부수: 口 | 총획: 8획

ノ 人 亼 合 合 命 命 命

- 命中(명중): 겨냥한 곳에 정확히 맞춤.
- 人命(인명): 사람의 목숨.

每

가슴에 두 개의 젖꼭지가 있고 머리에는 비녀가 꽂혀 있는 여인의 모습을 본뜬 글자로, 어머니는 늘 자녀를 위해 희생한다는 데서 '매양'의 뜻을 나타냄.

매양 매 부수: 毋(母) | 총획: 7획

→ 매양: 번번이

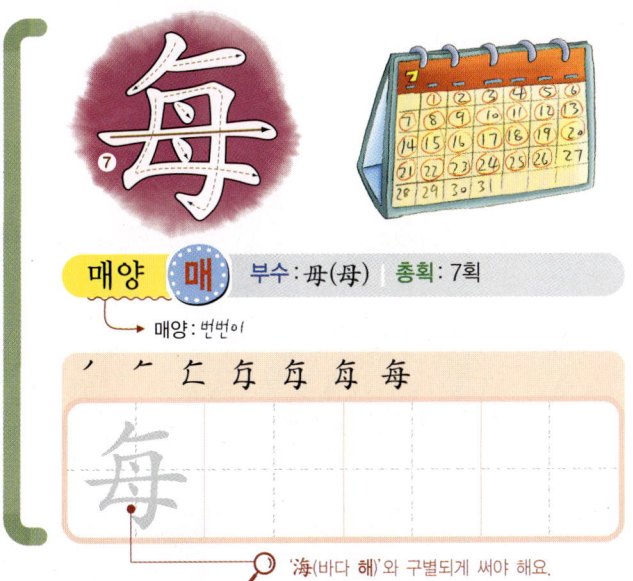

ノ ヒ 仁 毎 毎 毎 毎

- 每事(매사): 하나하나 모든 일.
- 每日(매일): 날마다.

→ '海(바다 해)'와 구별되게 써야 해요.

내 이름은 양유나

동화를 읽으며 한자의 음을 써 보아요.

봄이 왔어요. 모든 **물건**[物: 물건 ①]들이 새로운 생명을 얻는 계절이지요. 봄이 오면, 새 학년 새 학기를 맞이해요.

유나는 새학기가 되면 큰 소리로 자기소개를 해야 하는 것이 **매번**[每: 매양 ②] 두려웠어요. 그래서 학교에 가는 내내 가슴이 자꾸만 방망이질 쳤어요.

유나는 같은 **마을**[村: 마을 ③]에 사는 은주가 같은 반에 **있길**[有: 있을 ④] 바라며 학교에 갔어요. 그런데 배정받은 반에 가보니 아는 얼굴은 하나도 보이지 **않았어요**[不: 아닐 ⑤]. 유나는 실망한 나머지 **기운**[氣: 기운 ⑥]이 쭉 빠져 아무 자리에나 털썩 주저 앉았어요. 남자 아이들은 교실 뒤에서 **힘**[力: 힘 ⑦] 자랑이라도 하는지 요란한 소리를 내며 시끄럽게 떠들어댔지요. 그때, 선생님께서 들어오셨어요. 그리고는 조용히 하라며 검지 손가락 **마디**[寸: 마디 ⑧]를 입에 대셨어요.

"자, 조용! 서로서로 친구들과 인사를 나눈 후에 **한나라**[漢: 한나라 ⑨]에 대해서 수업하겠어요."

그 밖의 한자

| 모범 답안 | 180쪽

"넌 이름[名: 이름 ⑩   ]이 뭐니?"

유나 옆에 있던 친구가 어깨를 두드리며 이름을 물어 보았어요.

"내 이름은 유나라고 해."

그러자 옆에 앉은 친구도 말했어요.

"어? 나도 이름이 유난데." 유나는 깜짝 놀랐어요.

"넌 무슨 유나야?"

"응, 나는 양유나야."

"어머! 우리 둘 다 양유나야!"

유나와 옆에 앉은 다른 유나는 두 손을 꼭 붙들고 소리질렀어요. 유나는 지금까지 자신과 성[姓: 성 ⑪   ]까지 같은 친구는 본 적이 없었기 때문에 놀랍고 반가웠어요.

둘 만의 공통점을 갖게 된 유나와 또 다른 유나 두 사람은, 서로의 목숨[命: 목숨 ⑫   ]처럼 소중하게 여기는 친구로 지낼 것 같은 기분이 들었답니다.

게임으로 쏙쏙~!

우리가 배운 한자들 가운데는 음이 같은 한자들이 있어요. 같은 음의 한자를 보기에서 찾아 주머니의 빈 곳에 써 보세요.

電 / 火 / 食
中 / 小 / 主
同 / 市 / 長
名 / 子 / 門

보기: 花 植 少 所 問 文 冬 時 全 重 住 東 命 場 自 前

| 모범 답안 | 180 쪽

해적선이 나타나서 피터팬이 붙잡혔어요. 숨겨진 '不(아닐 불)' 자 5개를 찾아야만 피터팬을 풀어 준다고 해요. 어디에 숨어 있는지 찾아서 ○표 하세요.

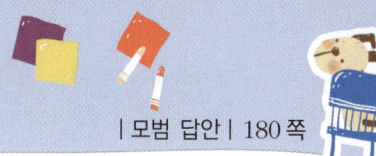

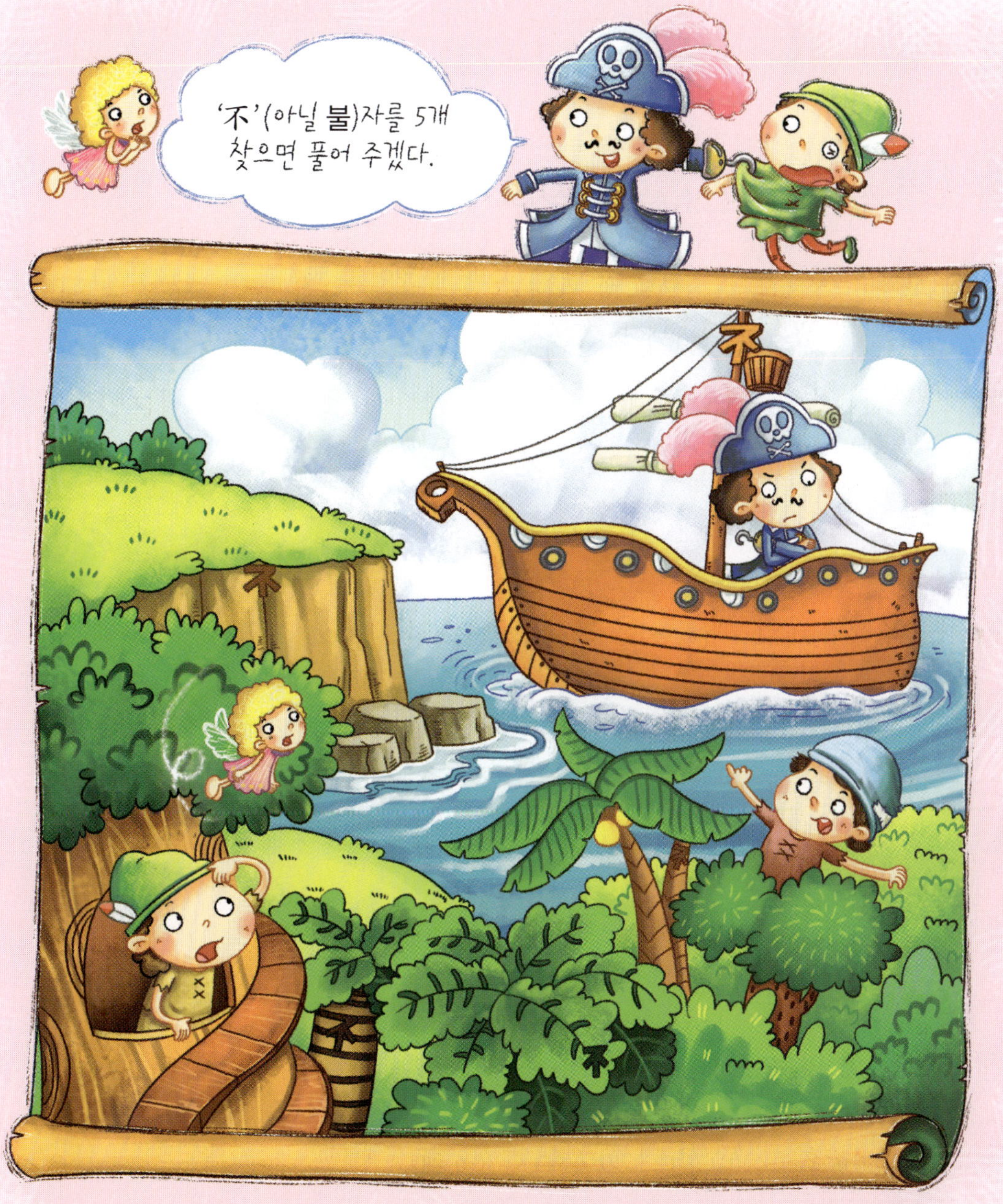

100점 만점에 100점

1 다음 漢字語(한자어)에 맞는 音(음: 소리)을 연결하세요.

(1) 地名 ·   · ㈀ 지명
(2) 寸外 ·   · ㈁ 촌로
(3) 國力 ·   · ㈂ 국력
(4) 村老 ·   · ㈃ 촌외

2 다음 밑줄 친 漢字語(한자어)의 音(음: 소리)을 쓰세요.

(1) 독음이 두 개 이상인 漢字(☐☐)는 그 뜻에 따라 독음이 다르다.
(2) 한적한 農村(☐☐) 생활이 얼마나 즐거운지 자랑을 늘어놓았다.
(3) 울릉도의 名物(☐☐)인 오징어를 먹었다.
(4) 재미있는 석우는 어디를 가든지 人氣(☐☐)가 대단했다.

3 다음 빈칸에 맞는 漢字(한자)의 訓(훈: 뜻)을 쓰세요.

(1) 每事(☐☐ 매, ☐ 사)
(2) 不動(☐☐ 부, ☐☐☐ 동)
(3) 萬物(☐☐ 만, ☐☐ 물)
(4) 漢學(☐☐☐ 한, ☐☐ 학)

4 다음 밑줄 친 낱말 뜻에 맞는 漢字(한자)를 보기 에서 찾아 기호를 쓰세요.

보기   ㈀ 名   ㈁ 物   ㈂ 寸   ㈃ 氣

(1) 대나무 마디가 터질 때마다 요란한 소리가 났다.   (   )
(2) 이 것을 옮기려면 기운을 좀 써야 할 듯 싶은걸.   (   )
(3) 새해가 되고서 가게마다 물건 값이 많이 올랐다.   (   )
(4) 그는 평소 이름을 알고 지내는 사람이 하나도 없이 외로웠다. (   )

| 모범 답안 | 180쪽

5 빈칸에 들어갈 漢字(한자)에 맞는 訓(훈: 뜻)과 音(음: 소리)을 보기에서 찾아 그 기호를 쓰세요.

> 보기
> (ㄱ) 힘 력   (ㄴ) 마을 촌
> (ㄷ) 매양 매 (ㄹ) 있을 유

(1) 한가로운 구름 때문에 江☐이 더욱 한가로워 보였는지 모른다.
(2) 전쟁을 위해 엄청난 國☐이 낭비되어 결국 나라가 망하고 말았다.
(3) 세심한 담당 의사는 귀찮지도 않은지 ☐時마다 내 체온을 재고 갔다.
(4) 이 음식점은 내가 어릴적부터 음식 맛있기로 ☐名한 집이다.

6 다음 낱말의 뜻에 맞는 漢字語(한자어)를 보기에서 찾아 그 기호를 쓰세요.

> 보기   (ㄱ) 人命   (ㄴ) 命中   (ㄷ) 名門   (ㄹ) 每事

(1) 하나하나 모든 일.   (   )
(2) 이름있는 집안.   (   )
(3) 겨냥한 곳에 정확히 맞춤.   (   )
(4) 사람의 목숨.   (   )

7 다음 밑줄 친 부분에 맞는 漢字語(한자어)를 漢字(한자)로 쓰세요.

(1) 건강을 위해 <u>매일</u>(☐☐) 자전거로 출퇴근하기로 결심하였다.
(2) 반장 선거에서 기웅이가 우승 후보로 <u>유력</u>(☐☐)하다.
(3) 늦가을로 접어들면서 아침 <u>공기</u>(☐☐)가 제법 쌀쌀해졌다.
(4) <u>불안</u>(☐☐)에 떨던 두 눈에는 어느새 눈물까지 고여 있었다.

見 物 生 心
볼 견 물건 물 날 생 마음 심

의미 '물건을 보면 마음이 생긴다.'는 뜻으로, 물건을 보면 그것을 가지고 싶은 욕심이 생긴다는 말이에요.

둘 묶음별 한자 익히기

앞서 익힌 배정 한자 중 일부를 다음과 같이 **성격별**로 묶었어요.

| 모양이 비슷한 한자 | 뜻이 반대(상대)되는 한자 |
| 뜻이 비슷한 한자 | 음이 둘 이상인 한자 |
| 두음 법칙의 적용을 받는 한자 |

끼리끼리 묶어
공부해 보아요.

모양이 비슷한 한자

人 사람 인	• 부수: 人 • 총획: 2	人命(인 □)　人生(□ 생) 白人(□ 인)　先人(선 □) ▶ 命(목숨 명), 生(날 생), 白(흰 백), 先(먼저 선)	人
入 들 입	• 부수: 入 • 총획: 2	入口(□ 구)　入金(□ 금) 入手(입 □)　出入(출 □) ▶ 口(입 구), 金(쇠 금), 手(손 수), 出(날 출)	入
八 여덟 팔	• 부수: 八 • 총획: 2	八月(□ 월)　八日(팔 □) 八年(팔 □)　八字(□ 자) ▶ 月(달 월), 日(날 일), 年(해 년), 字(글자 자)	八

▲ 삐침과 파임획이 만나는 윗부분에 주의하여 쓰세요.

王 임금 왕	• 부수: 玉(王) • 총획: 4	王家(□ 가)　王國(□ 국) 王子(왕 □)　女王(여 □) ▶ 家(집 가), 國(나라 국), 子(아들 자), 女(계집 녀)	王
主 주인 주	• 부수: 丶 • 총획: 5	主食(주 □)　主人(□ 인) 公主(공 □)　地主(지 □) ▶ 食(먹을 식), 人(사람 인), 公(공평할 공), 地(땅 지)	主
住 살 주	• 부수: 人(亻) • 총획: 7	住民(□ 민)　住所(주 □) 安住(안 □)　入住(입 □) ▶ 民(백성 민), 所(바 소), 安(편안 안), 入(들 입)	住

한자 익히기

1 다음 빈칸에 맞는 漢字語(한자어)의 音(음: 소리)을 쓰세요.

(1) 人生 (　　)　(2) 八月 (　　)　(3) 主人 (　　)
(4) 入金 (　　)　(5) 王國 (　　)　(6) 住民 (　　)

2 다음 빈칸에 맞는 漢字(한자)의 訓(훈: 뜻)을 쓰세요.

(1) 先人 (□□ 선, □□ 인)　(2) 地主 (□ 지, □□ 주)
(3) 出入 (□ 출, □ 입)　(4) 安住 (□□ 안, □ 주)

정답 1 (1) 인생 (2) 팔월 (3) 주인 (4) 입금 (5) 왕국 (6) 주민　2 (1) 먼저, 사람 (2) 땅, 주인 (3) 날, 들 (4) 편안, 살

工 장인 공	• 부수: 工 • 총획: 3	工場(　장)　　工夫(공　) 工事(　사)　　木工(　공) ▶ 場(마당 장), 夫(지아비 부), 事(일 사), 木(나무 목)	工		
江 강 강	• 부수: 水(氵) • 총획: 6	江山(　산)　　江上(　상) 江村(강　)　　漢江(　강) ▶ 山(메 산), 上(윗 상), 村(마을 촌), 漢(한나라 한)	江		
空 빌 공	• 부수: 穴 • 총획: 8	空間(　간)　　空氣(　기) 空白(공　)　　上空(　공) ▶ 間(사이 간), 氣(기운 기), 白(흰 백), 上(윗 상)	空		
母 어미 모	• 부수: 毋(母) • 총획: 5	母校(모　)　　母女(　녀) 父母(　모)　　生母(생　) ▶ 校(학교 교), 女(계집 녀), 父(아비 부), 生(날 생)	母		
每 매양 매	• 부수: 毋(母) • 총획: 7	每年(　년)　　每事(　사) 每時(매　)　　每日(매　) ▶ 年(해 년), 事(일 사), 時(때 시), 日(날 일)	每		
海 바다 해	• 부수: 水(氵) • 총획: 10	海軍(해　)　　海上(　상) 海草(해　)　　四海(사　) ▶ 軍(군사 군), 上(윗 상), 草(풀 초), 四(넉 사)	海		

한자 익히기

1 다음 빈칸에 맞는 漢字語(한자어)의 音(음: 소리)을 쓰세요.

(1) 工場 (　　)　　(2) 空氣 (　　)　　(3) 每事 (　　)

(4) 江山 (　　)　　(5) 母女 (　　)　　(6) 海草 (　　)

2 다음 빈칸에 맞는 漢字(한자)의 訓(훈: 뜻)을 쓰세요.

(1) 空間 (　　공, 　　간)　　(2) 海軍 (　　해, 　　군)

(3) 工事 (　　공, 　사)　　(4) 每年 (　　매, 　년)

정답 **1** (1) 공장　(2) 공기　(3) 매사　(4) 강산　(5) 모녀　(6) 해초　　**2** (1) 빌, 사이　(2) 바다, 군사　(3) 장인, 일　(4) 매양, 해

둘. 묶음별 한자 익히기 **147**

모양이 비슷한 한자

| 白
흰 **백** | • 부수: 白
• 총획: 5 | 白軍(☐군)　白色(백☐)
白人(백☐)　白土(☐토)
▶ 軍(군사 군), 色(빛 색), 人(사람 인), 土(흙 토) | 白 | | |

| 百
일백 **백** | • 부수: 白
• 총획: 6 | 百方(☐방)　百萬(백☐)
百姓(백☐)　百出(☐출)
▶ 方(모 방), 萬(일만 만), 姓(성 성), 出(날 출) | 百 | | |

| 自
스스로 **자** | • 부수: 自
• 총획: 6 | 自立(☐립)　自然(자☐)
自主(☐주)　自活(자☐)
▶ 立(설 립), 然(그럴 연), 主(주인 주), 活(살 활) | 自 | | |

| 門
문 **문** | • 부수: 門
• 총획: 8 | 門前(☐전)　門下(문☐)
校門(교☐)　大門(☐문)
▶ 前(앞 전), 下(아래 하), 校(학교 교), 大(큰 대) | 門 | | |

| 問
물을 **문** | • 부수: 口
• 총획: 11 | 問答(☐답)　自問(☐문)
東問西答(동☐서답)
▶ 答(대답 답), 自(스스로 자), 東(동녘 동), 西(서녘 서) | 問 | | |

| 間
사이 **간** | • 부수: 門
• 총획: 12 | 間食(☐식)　間紙(간☐)
民間(민☐)　時間(☐간)
▶ 食(먹을 식), 紙(종이 지), 民(백성 민), 時(때 시) | 間 | | |

한자 익히기

1 다음 빈칸에 맞는 漢字語(한자어)의 音(음: 소리)을 쓰세요.

(1) 白軍 (☐☐)　　(2) 自立 (☐☐)　　(3) 問答 (☐☐)
(4) 百方 (☐☐)　　(5) 門前 (☐☐)　　(6) 間食 (☐☐)

2 다음 빈칸에 맞는 漢字(한자)의 訓(훈: 뜻)을 쓰세요.

(1) 百出 (☐☐ 백, ☐ 출)　　(2) 校門 (☐☐ 교, ☐ 문)
(3) 自然 (☐☐☐ 자, ☐☐ 연)　　(4) 民間 (☐☐ 민, ☐☐ 간)

정답 **1** (1) 백군 (2) 자립 (3) 문답 (4) 백방 (5) 문전 (6) 간식　**2** (1) 일백, 날 (2) 학교, 문 (3) 스스로, 그럴 (4) 백성, 사이

| 車 | · 부수: 車
· 총획: 7
수레 **거·차** | 車內(☐ 내)　車主(차 ☐)
白車(백 ☐)　人力車(인 ☐ 거)
▶ 內(안 내), 主(주인 주), 白(흰 백), 力(힘 력) | 車 | | |

| 軍 | · 부수: 車
· 총획: 9
군사 **군** | 軍人(☐ 인)　空軍(☐ 군)
國軍(☐ 군)　靑軍(청 ☐)
▶ 人(사람 인), 空(빌 공), 國(나라 국), 靑(푸를 청) | 軍 | | |

| 老 | · 부수: 耂
· 총획: 6
늙을 **로** | 老木(노 ☐)　老少(☐ 소)
年老(☐ 로)　村老(촌 ☐)
▶ 木(나무 목), 少(적을 소), 年(해 년), 村(마을 촌) | 老 | | |

| 孝 | · 부수: 子
· 총획: 7
효도 **효** | 孝女(효 ☐)　孝道(☐ 도)
孝心(효 ☐)　孝子(☐ 자)
▶ 女(계집 녀), 道(길 도), 心(마음 심), 子(아들 자) | 孝 | | |

| 寸 | · 부수: 寸
· 총획: 3
마디 **촌** | 寸數(☐ 수)　三寸(☐ 촌)
外三寸(☐ ☐ 촌)
▶ 數(셈 수), 三(석 삼), 外(바깥 외) | 寸 | | |

| 村 | · 부수: 木
· 총획: 7
마을 **촌** | 村名(촌 ☐)　村長(☐ 장)
農村(☐ 촌)　山村(산 ☐)
▶ 名(이름 명), 長(긴 장), 農(농사 농), 山(메 산) | 村 | | |

한자 익히기

1 다음 빈칸에 맞는 漢字語(한자어)의 音(음: 소리)을 쓰세요.

(1) 車內 (☐☐)　(2) 老少 (☐☐)　(3) 寸數 (☐☐)
(4) 軍人 (☐☐)　(5) 孝道 (☐☐)　(6) 村長 (☐☐)

2 다음 빈칸에 맞는 漢字(한자)의 訓(훈: 뜻)을 쓰세요.

(1) 白車 (☐ 백, ☐ 차)　(2) 山村 (☐ 산, ☐ 촌)
(3) 靑軍 (☐☐ 청, ☐☐ 군)　(4) 年老 (☐ 년, ☐☐ 로)

정답 **1** (1) 차내 (2) 노소 (3) 촌수 (4) 군인 (5) 효도 (6) 촌장　**2** (1) 흰, 수레 (2) 메, 마을 (3) 푸를, 군사 (4) 해, 늙을

모양이 비슷한 한자

重	· 부수: 里 · 총획: 9 무거울 **중**	重大(　대)　　重力(중　) 所重(　중)　　二重(이　) ▶ 大(큰 대), 力(힘 력), 所(바 소), 二(두 이)	重		
動	· 부수: 力 · 총획: 11 움직일 **동**	動物(　물)　　手動(　동) 出動(　동)　　活動(활　) ▶ 物(물건 물), 手(손 수), 出(날 출), 活(살 활)	動		

天	· 부수: 大 · 총획: 4 하늘 **천**	天國(　국)　　天命(　명) 天心(천　)　　長天(　천) ▶ 國(나라 국), 命(목숨 명), 心(마음 심), 長(긴 장)	天		
夫	· 부수: 大 · 총획: 4 지아비 **부**	夫人(　인)　　工夫(　부) 農夫(　부)　　兄夫(형　) ▶ 人(사람 인), 工(장인 공), 農(농사 농), 兄(형 형)	夫		

同	· 부수: 口 · 총획: 6 한가지 **동**	同門(　문)　　同色(동　) 同時(동　)　　不同(부　) ▶ 門(문 문), 色(빛 색), 時(때 시), 不(아닐 부)	同		
洞	· 부수: 水(氵) · 총획: 9 골 **동**	洞口(　구)　　洞民(동　) 洞里(　리)　　洞長(동　) ▶ 口(입 구), 民(백성 민), 里(마을 리), 長(긴 장)	洞		

한자 익히기

1 다음 빈칸에 맞는 漢字語(한자어)의 音(음: 소리)을 쓰세요.

(1) 重大 (　　)　　(2) 天命 (　　)　　(3) 同門 (　　)

(4) 動物 (　　)　　(5) 夫人 (　　)　　(6) 洞口 (　　)

2 다음 빈칸에 맞는 漢字(한자)의 訓(훈: 뜻)을 쓰세요.

(1) 所重 (　　소, 　　중)　　(2) 同色 (　　동, 　색)

(3) 活動 (　활, 　　동)　　(4) 洞里 (　동, 　　리)

정답　**1** (1) 중대　(2) 천명　(3) 동문　(4) 동물　(5) 부인　(6) 동구　**2** (1) 바, 무거울　(2) 한가지, 빛　(3) 살, 움직일　(4) 골, 마을

直	· 부수 : 目 · 총획 : 8 곧을 **직**	直面(□면)　直前(직□) 正直(정□)　下直(□직) ▶ 面(낯 면), 前(앞 전), 正(바를 정), 下(아래 하)	直		
植	· 부수 : 木 · 총획 : 12 심을 **식**	植木(□목)　植物(식□) 植民地(□민지) ▶ 木(나무 목), 物(물건 물), 民(백성 민), 地(땅 지)	植		

小	· 부수 : 小 · 총획 : 3 작을 **소**	小便(소□)　小生(□생) 小食(소□)　小子(□자) ▶ 便(똥오줌 변), 生(날 생), 食(먹을 식), 子(아들 자)	小		
少	· 부수 : 小 · 총획 : 4 적을 **소**	少女(소□)　少年(□년) 少數(소□)　老少(노□) ▶ 女(계집 녀), 年(해 년), 數(셈 수), 老(늙을 로)	少		

全	· 부수 : 入 · 총획 : 6 온전 **전**	全國(□국)　全文(전□) 全紙(전□)　萬全(만□) ▶ 國(나라 국), 文(글월 문), 紙(종이 지), 萬(일만 만)	全		
金	· 부수 : 金 · 총획 : 8 쇠 **금**/성 **김**	金色(□색)　先金(□금) 入金(□금)　出金(출□) ▶ 色(빛 색), 先(먼저 선), 入(들 입), 出(날 출)	金		

묶음별 한자 익히기

한자 익히기

1 다음 빈칸에 맞는 漢字語(한자어)의 音(음: 소리)을 쓰세요.

(1) 直面 (□□)　(2) 小便 (□□)　(3) 全國 (□□)
(4) 植木 (□□)　(5) 少數 (□□)　(6) 金色 (□□)

2 다음 빈칸에 맞는 漢字(한자)의 訓(훈: 뜻)을 쓰세요.

(1) 小食 (□□ 소, □□ 식)　(2) 正直 (□□ 정, □□ 직)
(3) 少年 (□□ 소, □ 년)　(4) 植物 (□□ 식, □□ 물)

정답 **1** (1) 직면 (2) 소변 (3) 전국 (4) 식목 (5) 소수 (6) 금색　**2** (1) 작을, 먹을 (2) 바를, 곧을 (3) 적을, 해 (4) 심을, 물건

뜻이 반대(상대)되는 한자

| 上 | 부수: 一
총획: 3
윗 **상** | 上手(□ 수)   世上(□ 상)
年上(□ 상)   海上(해 □)
▶ 手(손 수), 世(인간 세), 年(해 년), 海(바다 해) | 上 | | |

| 下 | 부수: 一
총획: 3
아래 **하** | 下山(□ 산)   下車(하 □)
年下(□ 하)   手下(수 □)
▶ 山(메 산), 車(수레 차), 年(해 년), 手(손 수) | 下 | | |

| 左 | 부수: 工
총획: 5
왼 **좌** | 左手(□ 수)   左右(좌 □)
前後左右(전후 □ 우)
▶ 手(손 수), 右(오른 우), 前(앞 전), 後(뒤 후) | 左 | | |

| 右 | 부수: 口
총획: 5
오른 **우** | 右手(□ 수)   左右(□ 우)
右心室(□ 심실)
▶ 手(손 수), 左(왼 좌), 心(마음 심), 室(집 실) | 右 | | |

| 先 | 부수: 儿
총획: 6
먼저 **선** | 先金(선 □)   先山(□ 산)
先生(□ 생)   先王(선 □)
▶ 金(쇠 금), 山(메 산), 生(날 생), 王(임금 왕) | 先 | | |

| 後 | 부수: 彳
총획: 9
뒤 **후** | 後世(후 □)   後日(□ 일)
先後(□ 후)   午後(오 □)
▶ 世(인간 세), 日(날 일), 先(먼저 선), 午(낮 오) | 後 | | |

한자 익히기

1 다음 빈칸에 맞는 漢字語(한자어)의 音(음: 소리)을 쓰세요.

(1) 上手 (□□)   (2) 左手 (□□)   (3) 後日 (□□)

(4) 下山 (□□)   (5) 先生 (□□)   (6) 右心室 (□□□)

2 다음 빈칸에 맞는 漢字(한자)의 訓(훈: 뜻)을 쓰세요.

(1) 海上 (□□ 해, □ 상)   (2) 先山 (□□ 선, □ 산)

(3) 手下 (□ 수, □□ 하)   (4) 午後 (□ 오, □ 후)

정답 **1** (1) 상수 (2) 좌수 (3) 후일 (4) 하산 (5) 선생 (6) 우심실   **2** (1) 바다, 윗 (2) 먼저, 메 (3) 손, 아래 (4) 낮, 뒤

| 內 안 내 | • 부수: 入
• 총획: 4 | 內面(　면)　校內(　내)
國內(국　)　室內(　내)
▶ 面(낯 면), 校(학교 교), 國(나라 국), 室(집 실) | 內 | | |

| 外 바깥 외 | • 부수: 夕
• 총획: 5 | 外國(　국)　外人(외　)
門外(문　)　室外(　외)
▶ 國(나라 국), 人(사람 인), 門(문 문), 室(집 실) | 外 | | |

| 男 사내 남 | • 부수: 田
• 총획: 7 | 男女(남　)　男子(　자)
男女老少(　녀노소)
▶ 女(계집 녀), 子(아들 자), 老(늙을 로), 少(적을 소) | 男 | | |

| 女 계집 녀 | • 부수: 女
• 총획: 3 | 女人(　인)　女王(　왕)
男女(남　)　長女(장　)
▶ 人(사람 인), 王(임금 왕), 男(사내 남), 長(긴 장) | 女 | | |

| 問 물을 문 | • 부수: 口
• 총획: 11 | 問答(　답)　自問(　문)
東問西答(동　서답)
▶ 答(대답 답), 自(스스로 자), 東(동녘 동), 西(서녘 서) | 問 | | |

| 答 대답 답 | • 부수: 竹(⺮)
• 총획: 12 | 答紙(　지)　名答(　답)
問答(　답)　正答(정　)
▶ 紙(종이 지), 名(이름 명), 問(물을 문), 正(바를 정) | 答 | | |

묶음별 한자 익히기

한자 익히기

1 다음 빈칸에 맞는 漢字語(한자어)의 音(음: 소리)을 쓰세요.

(1) 內面 (　　)　(2) 男子 (　　)　(3) 自問 (　　)
(4) 外國 (　　)　(5) 女人 (　　)　(6) 答紙 (　　)

2 다음 빈칸에 맞는 漢字(한자)의 訓(훈: 뜻)을 쓰세요.

(1) 校內 (　　교, 　　내)　(2) 自問 (　　자, 　　문)
(3) 室外 (　　실, 　　외)　(4) 正答 (　　정, 　　답)

정답 **1** (1) 내면 (2) 남자 (3) 자문 (4) 외국 (5) 여인 (6) 답지　**2** (1) 학교, 안 (2) 스스로, 물을 (3) 집, 바깥 (4) 바를, 대답

둘. 묶음별 한자 익히기 **153**

뜻이 비슷한 한자

| 土
흙 토 | • 부수: 土
• 총획: 3 | 土木(토   )   土門(문)
土人(인)   國土(토)
▶ 木(나무 목), 門(문 문), 人(사람 인), 國(나라 국) | 土 | | |

| 地
땅 지 | • 부수: 土
• 총획: 6 | 地名(명)   地方(지   )
土地(지)   天地(천   )
▶ 名(이름 명), 方(모 방), 土(흙 토), 天(하늘 천) | 地 | | |

| 算
셈 산 | • 부수: 竹(⺮)
• 총획: 14 | 算數(수)   算出(산   )
心算(산)   電算(전   )
▶ 數(셈 수), 出(날 출), 心(마음 심), 電(번개 전) | 算 | | |

| 數
셈 수 | • 부수: 攴(攵)
• 총획: 15 | 數字(숫   )   數學(학)
面數(면   )   少數(수)
▶ 字(글자 자), 學(배울 학), 面(낯 면), 少(적을 소) | 數 | | |

| 正
바를 정 | • 부수: 止
• 총획: 5 | 正氣(기)   正答(정   )
正色(정   )   正室(실)
▶ 氣(기운 기), 答(대답 답), 色(빛 색), 室(집 실) | 正 | | |

| 直
곧을 직 | • 부수: 目
• 총획: 8 | 直面(면)   直前(직   )
直後(직   )   下直(하   )
▶ 面(낯 면), 前(앞 전), 後(뒤 후), 下(아래 하) | 直 | | |

한자 익히기

1 다음 빈칸에 맞는 漢字語(한자어)의 音(음: 소리)을 쓰세요.

(1) 土人 (　　)   (2) 算出 (　　)   (3) 正室 (　　)
(4) 地方 (　　)   (5) 數學 (　　)   (6) 直後 (　　)

2 다음 빈칸에 맞는 漢字(한자)의 訓(훈: 뜻)을 쓰세요.

(1) 直前 (　　 직, 　　 전)   (2) 土地 (　　 토, 　　 지)
(3) 正色 (　　 정, 　　 색)   (4) 電算 (　　 전, 　　 산)

정답 **1** (1) 토인 (2) 산출 (3) 정실 (4) 지방 (5) 수학 (6) 직후   **2** (1) 곧을, 앞 (2) 흙, 땅 (3) 바를, 빛 (4) 번개, 셈

* 표시는 7급 예외 한자임.

| 車 | • 부수: 車
• 총획: 7
수레 **거·차** | 車內(차 ☐) 下車(☐ 차)
人力車(☐☐ 거)
▶ 內(안 내), 下(아래 하), 人(사람 인), 力(힘 력) | 車 | | |

| 金 | • 부수: 金
• 총획: 8
쇠 **금**/성 **김** | 萬金(만 ☐)   金氏*(김 ☐)
▶ 萬(일만 만), 氏(성 씨)* | 金 | | |

▲ '金'이 '쇠'의 뜻일 때에는 '금', '성'의 뜻으로 쓰일 때에는 '김'으로 읽어요.

| 不 | • 부수: 一
• 총획: 4
아닐 **불·부** | 不便(불 ☐)   不動(부 ☐)
▶ 便(편할 편), 動(움직일 동) | 不 | | |

▲ '不'이 'ㄷ, ㅈ' 앞에 올 때에는 '부'로 읽어요.

| 便 | • 부수: 人(亻)
• 총획: 9
편할 **편**/똥오줌 **변** | 便安(편 ☐)   便所(변 ☐)
▶ 安(편안 안), 所(바 소) | 便 | | |

▲ '便'이 '편하다'의 뜻일 때에는 '편', '똥오줌'의 뜻으로 쓰일 때에는 '변'으로 읽어요.

| 十 | • 부수: 十
• 총획: 2
열 **십**(시) | 十月(시 ☐)   十年(십 ☐)
▶ 月(달 월), 年(해 년) | 十 | | |

▲ '十'이 '十月'로 활용될 때에는 '시'로 읽어요.

| 六 | • 부수: 八
• 총획: 4
여섯 **륙** | 五六(☐ 륙)   六十(육 ☐)
六月(유 ☐)   五六月(☐ 뉴 ☐)
▶ 五(다섯 오), 十(열 십), 月(달 월) | 六 | | |

▲ '六'이 한자어의 맨 앞에 올 때에는 '육', '六月'로 활용될 때에는 '유', '五六月'로 활용될 때에는 '뉴'로 읽어요.

한자 익히기

1 다음 빈칸에 맞는 漢字語(한자어)의 音(음: 소리)을 쓰세요.

(1) 車內 (☐☐)   (2) 不便 (☐☐)   (3) 便所 (☐☐)
(4) 十月 (☐☐)   (5) 不同 (☐☐)   (6) 十年 (☐☐)
(7) 六月 (☐☐)   (8) 六十 (☐☐)   (9) 人力車 (☐☐☐)
(10) 金氏 (☐☐)   (11) 五六 (☐☐)   (12) 五六月 (☐☐☐)

정답 **1** (1) 차내 (2) 불편 (3) 변소 (4) 시월 (5) 부동 (6) 십년 (7) 유월 (8) 육십 (9) 인력거 (10) 김씨 (11) 오륙 (12) 오뉴월

두음 법칙의 적용을 받는 한자

※ '두음 법칙'은 일부 소리가 단어의 첫머리에서 다른 소리로 발음되는 일을 말해요.
다음은 한자어의 맨 앞에 올 때 두음 법칙이 적용되어 다른 소리로 읽어야 하는 한자들이에요.

女 (계집 녀)
- 부수: 女
- 총획: 3

男女(□녀)   女人(여□)
→ '여'로 읽어요.
▶ 男(사내 남), 人(사람 인)

年 (해 년)
- 부수: 干
- 총획: 6

七年(칠□)   年金(연□)
→ '연'으로 읽어요.
▶ 七(일곱 칠), 金(쇠 금)

來 (올 래)
- 부수: 人
- 총획: 8

外來語(□래□)   來韓(내□)
→ '내'로 읽어요.
▶ 外(바깥 외), 語(말씀 어), 韓(한국 한)

力 (힘 력)
- 부수: 力
- 총획: 2

國力(□력)   力道(역□)
→ '역'으로 읽어요.
▶ 國(나라 국), 道(길 도)

老 (늙을 로)
- 부수: 耂
- 총획: 6

老木(노□)   年老(□로)
→ '노'로 읽어요.
▶ 木(나무 목), 年(해 년)

里 (마을 리)
- 부수: 里
- 총획: 7

海里(□리)   里長(이□)
→ '이'으로 읽어요.
▶ 海(바다 해), 長(긴 장)

林 (수풀 림)
- 부수: 木
- 총획: 8

山林(□림)   林野*(임□)
→ '임'으로 읽어요.
▶ 山(메 산), 野(들 야)*

立 (설 립)
- 부수: 立
- 총획: 5

自立(□립)   立地(입□)
→ '입'으로 읽어요.
▶ 自(스스로 자), 地(땅 지)

셋 실전 감각 익히기

실제 시험에 완벽하게 대비할 수 있도록
실전 대비 문제들을 다음과 같이 제시했어요.

한자능력검정시험 **기출 유사 문제**_❷회

한자능력검정시험 **적중 예상 문제**_❼회

1회 한자능력검정시험 기출 유사 문제 7급

▼ 한자어의 음 쓰기

[문제 1~32] 다음 밑줄 친 漢字語한자어의 音(음: 소리)을 쓰세요.

보기
漢字 ➡ 한자

(1) 여름 해변 사람들의 복장은 꽃무늬 一色이었습니다. ( )

(2) 문어체와 口語체의 문제는 문체론의 문제입니다. ( )

(3) 그의 이름이 마침내 人名 사전에 오르게 되었습니다. ( )

(4) 건물 지하에 많은 상가가 入住해 있습니다. ( )

(5) 數學 시간이 늘 기다려 집니다. ( )

(6) 그들의 임무는 적의 後方을 침투하는 것입니다. ( )

(7) 그 책에는 農工 기술의 변천과 발전이 담겨져 있습니다. ( )

(8) 그는 바다를 주름잡는 용맹한 海軍입니다. ( )

(9) 마을 백성의 대부분은 쌀을 主食으로 삼았습니다. ( )

(10) 증발한 물이 구름이 되어 草木을 적시는 비를 이룹니다. ( )

(11) 벼락工夫로는 좋은 성적을 얻기가 힘듭니다. ( )

(12) 대규모 土木 공사를 벌였습니다. ( )

(13) 입력을 마친 원고를 드디어 出力했습니다. ( )

(14) 그 사건 하나로 世間에 큰 화재를 불러일으켰습니다. ( )

(15) 시민 공원은 休日 못지않게 사람들로 붐볐습니다. ( )

(16) 우리는 外來문화를 독창적으로 발전시켰습니다. ( )

(17) 火山이 터지는 바람에 큰 재앙을 만나게 되었습니다. ( )

(18) 군대를 남쪽 方面에 투입하기로 결정했습니다. ( )

(19) 어머님이 年老하셔서 건강이 좋지 않았습니다. ( )

(20) 電車가 종을 울리며 지나갔습니다. ( )

(21) 현실에 安住하면 발전이 없습니다. ( )

(22) 이 작품은 同名의 소설을 영화화했습니다. ( )

(23) 종자의 生育 기간이 다른 것에 비해 짧았습니다. ( )

(24) 學力이 반드시 지식수준과 같지는 않습니다. ( )

(25) 상대는 一方적으로 전화를 끊었습니다. ( )

(26) 天道는 공평하여 사사로움이 없습니다. ( )

(27) 배탈이 나서 종일 便所를 드나들었습니다. ( )

(28) 萬一을 대비하여 비상약을 챙겼습니다. ( )

(29) 선거에 승리한 그는 市長이 되었습니다. ( )

(30) 한사코 外地로 떠난 자식 걱정뿐이었습니다. ( )

(31) 家長이 대를 이어 가업을 물려받았습니다. ( )

(32) 포성 소리가 멎고 軍歌가 들려왔습니다. ( )

▼ 한자의 훈과 음 쓰기
[문제 33~52] 다음 漢字한자의 訓(훈: 뜻)과 音(음: 소리)을 쓰세요.

보기
字 ➡ 글자 자

(33) 內 (   )   (34) 八 (   )

(35) 下 (   )   (36) 上 (   )

(37) 寸 (   )   (38) 江 (   )

(39) 算 (   )   (40) 校 (   )

(41) 力 (   )   (42) 林 (   )

(43) 心 (   )   (44) 入 (   )

(45) 國 (   )   (46) 主 (   )

(47) 夫 (   )   (48) 旗 (   )

(49) 平 (   )   (50) 農 (   )

(51) 外 (   )   (52) 全 (   )

▼ 단어에 알맞은 한자어 찾기
[문제 53~54] 다음 밑줄 친 단어의 漢字語한자어를 보기에서 골라 그 번호를 쓰세요.

보기
①大軍   ②四方   ③敎室   ④天下

(53) 마음만 정한다면 대군도 두려워 할 것이 없습니다. (   )

(54) 그는 천하가 제 집인 것처럼 행동하고 다녔습니다. (   )

▼ 훈과 음에 알맞은 한자 찾기
[문제 55~64] 다음 訓(훈: 뜻)과 音(음: 소리)에 맞는 漢字한자를 보기에서 골라 그 번호를 쓰세요.

보기
①村   ②白   ③地   ④五
⑤南   ⑥有   ⑦六   ⑧二
⑨洞   ⑩車

(55) 골 동 (   )   (56) 땅 지 (   )

(57) 여섯 륙 (   )   (58) 수레 거 (   )

(59) 흰 백 (   )   (60) 두 이 (   )

(61) 있을 유 (   )   (62) 남녘 남 (   )

(63) 다섯 오 (   )   (64) 마을 촌 (   )

▼ 뜻이 상대 또는 반대되는 한자 찾기
[문제 65~66] 다음 漢字한자의 상대 또는 반대되는 漢字한자를 보기에서 찾아 그 번호를 쓰세요.

보기
①土   ②秋   ③小   ④家

(65) 春 ↔ (   )

(66) 大 ↔ (   )

▼ 한자어의 뜻 쓰기
[문제 67~68] 다음 漢字語한자어의 뜻을 쓰세요.

(67) 立場   (   )

(68) 十中八九 (   )

▼ 한자의 쓰는 순서 찾기
[문제 69~70] 다음 漢字한자의 진하게 표시된 획은 몇 번째 쓰는지 번호를 쓰세요.

보기	
① 첫 번째	② 두 번째
③ 세 번째	④ 네 번째
⑤ 다섯 번째	⑥ 여섯 번째
⑦ 일곱 번째	⑧ 여덟 번째
⑨ 아홉 번째	⑩ 열 번째
⑪ 열한 번째	⑫ 열두 번째

(69) 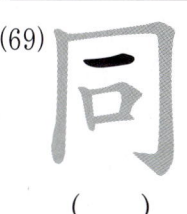   (70)

(   )   (   )

 모범 답안은 181쪽에 있습니다.

2회 한자능력검정시험 기출 유사 문제 7급

▼ 한자어의 음 쓰기

[문제 1~32] 다음 밑줄 친 漢字語한자어의 音(음: 소리)을 쓰세요.

보기
漢字 ➡ 한자

(1) 나이가 많은 탓에 氣力이 달리는 모양입니다. ( )

(2) 고을은 예로부터 東西 교통의 중심지였습니다. ( )

(3) 시간이 얼마 없어 全力을 다해 뛰었습니다. ( )

(4) 소방서 추측으로는 電氣로 인한 화재라고 했습니다. ( )

(5) 출입하는 차량 前面에 스티커를 붙이기로 했습니다. ( )

(6) 반 이상의 환자가 同一한 증상을 보였습니다. ( )

(7) 말안장에 묶여 있던 靑旗가 그대로였습니다. ( )

(8) 비바람에 前方을 분간하기 어려웠습니다. ( )

(9) 오늘 일을 來日로 미루면 안됩니다. ( )

(10) 이번 算數 시간에는 곱셈을 배울 것입니다. ( )

(11) 모든 사람들의 시선이 同時에 집중되었습니다. ( )

(12) 적극적으로 山林 관리에 힘을 기울이고 있습니다. ( )

(13) 마음의 평화가 있는 곳이 곧 天國입니다. ( )

(14) 가르침을 따르는 것이 弟子의 도리입니다. ( )

(15) 좁은 空間을 활용하여 넓게 사용했습니다. ( )

(16) 登山이 취미인 그는 산악회에 가입했습니다. ( )

(17) 잔잔한 水面에 달빛이 드리웠습니다. ( )

(18) 午前 내내 기다렸으나 소식은 오지 않았습니다. ( )

(19) 앳된 얼굴의 그녀는 有夫女라고 하기엔 너무 젊어 보였습니다. ( )

(20) 비행기가 서울 上空을 통과했습니다. ( )

(21) 이 물건을 무엇이라 命名할지 궁리중입니다. ( )

(22) 語學 실력이 다른 응시자에 비해 부족합니다. ( )

(23) 敎生 실습 동의서를 학교에 제출하였습니다. ( )

(24) 동해의 日出은 참으로 아름다웠습니다. ( )

(25) 그는 우리나라 語文 연구에 평생을 바쳤습니다. ( )

(26) 기호는 모두 同字임을 나타내는 표시였습니다. ( )

(27) 연일 밤샘으로 수면 不足에 시달렸습니다. ( )

(28) 최선을 다했으나 力不足으로 실패했습니다. ( )

(29) 표지를 넘기자 하얀 紙面에 글이 가득했습니다. ( )

(30) 훈련에 빠진 일로 道場 청소를 맡게 되었습니다. ( )

(31) 형은 험한 산길도 平地처럼 달려갔습니다. ( )

(32) 굳이 寸數를 따질 것도 없는 사이였습니다. ( )

[문제 33~52] 다음 漢字한자의 訓(훈: 뜻)과 音(음: 소리)을 쓰세요.

보기
字 ➡ 글자 자

(33) 面 (　　　) (34) 歌 (　　　)

(35) 父 (　　　) (36) 孝 (　　　)

(37) 世 (　　　) (38) 男 (　　　)

(39) 王 (　　　) (40) 學 (　　　)

(41) 正 (　　　) (42) 命 (　　　)

(43) 然 (　　　) (44) 重 (　　　)

(45) 日 (　　　) (46) 事 (　　　)

(47) 母 (　　　) (48) 來 (　　　)

(49) 左 (　　　) (50) 自 (　　　)

(51) 祖 (　　　) (52) 數 (　　　)

[문제 53~54] 다음 밑줄 친 단어의 漢字語한자어를 보기에서 찾아 그 번호를 쓰세요.

보기
①事物 ②休日 ③出金 ④生物

(53) 명절을 앞두고 출금을 하기 위해 은행을 찾는 사람이 많습니다. (　　　)

(54) 이번 달 휴일에 가족과 함께 바닷가로 놀러갈 예정입니다. (　　　)

[문제 55~64] 다음 訓(훈: 뜻)과 音(음: 소리)에 맞는 漢字한자를 보기에서 골라 그 번호를 쓰세요.

보기
①便 ②七 ③敎 ④登
⑤東 ⑥口 ⑦冬 ⑧百
⑨長 ⑩十

(55) 일곱 칠 (　　　) (56) 오를 등 (　　　)

(57) 편할 편 (　　　) (58) 가르칠 교 (　　　)

(59) 일백 백 (　　　) (60) 동녘 동 (　　　)

(61) 입 구 (　　　) (62) 긴 장 (　　　)

(63) 열 십 (　　　) (64) 겨울 동 (　　　)

[문제 65~66] 다음 漢字한자의 상대 또는 반대되는 漢字한자를 보기에서 찾아 그 번호를 쓰세요.

보기
①後 ②名 ③安 ④足

(65) 前 ↔ (　　　)

(66) 手 ↔ (　　　)

[문제 67~68] 다음 漢字語한자어의 뜻을 쓰세요.

(67) 南北　(　　　)

(68) 後世　(　　　)

[문제 69~70] 다음 漢字한자의 진하게 표시된 획은 몇 번째 쓰는지 번호를 쓰세요.

보기
① 첫 번째   ② 두 번째
③ 세 번째   ④ 네 번째
⑤ 다섯 번째   ⑥ 여섯 번째
⑦ 일곱 번째   ⑧ 여덟 번째
⑨ 아홉 번째   ⑩ 열 번째
⑪ 열한 번째   ⑫ 열두 번째

(69) 文 (　　　)　　(70) 方 (　　　)

모범 답안은 181쪽에 있습니다.

제1회 한자능력검정시험 적중 예상 문제 7급

▼ 한자어의 음 쓰기

[문제 1~32] 다음 밑줄 친 漢字語한자어의 音(음: 소리)을 쓰세요.

보기
漢字 ➡ 한자

(1) 사회생활을 시작하면서 현실의 문제와 直面했습니다. ( )

(2) 工事 중 통행에 불편을 드려 죄송합니다. ( )

(3) 할머니는 마치 女王처럼 집안을 호령하셨습니다. ( )

(4) 싸움에는 先手를 쳐서 이기는 것이 능사라네. ( )

(5) 소설에 등장하는 人物이 모두 모였습니다. ( )

(6) 성공한 후배가 人便으로 선물을 보내왔습니다. ( )

(7) 양식보다는 韓食이 입맛에 맞았습니다. ( )

(8) 자연의 힘 앞에 人力은 초라해 보였습니다. ( )

(9) 입체 영화의 첨단 기술은 時空을 초월한 느낌입니다. ( )

(10) 유전 工學은 난치병 치료에 크게 기여할 것입니다. ( )

(11) 낙후된 지역에 工場이 들어설 예정입니다. ( )

(12) 그가 죽자 유물들이 市立 박물관에 맡겨졌습니다. ( )

(13) 그는 방에 틀어박혀 外出도 하지 않았습니다. ( )

(14) 매년 수많은 下水가 강을 오염시켰습니다. ( )

(15) 작품마다 전형적인 韓國의 여인상을 등장시켰습니다. ( )

(16) 명절을 맞아 門中 어른들이 모두 모였습니다. ( )

(17) 이번 달 出市 예정이었던 제품 생산이 취소되었습니다. ( )

(18) 개학을 맞아 학생들의 登校를 했습니다. ( )

(19) 질 좋은 韓紙는 오래되어도 매우 질기고 부드럽습니다. ( )

(20) 고생을 더 하고 덜 하고는 모두 八字에 달렸습니다. ( )

(21) 고향에 그럴듯한 學校를 세우는 것이 소원입니다. ( )

(22) 뜻밖의 곳에서 마주친 그의 面色이 백지 같았습니다. ( )

(23) 마지막 시험이라 신중하게 答紙를 작성했습니다. ( )

(24) 콜레라는 어패류의 生食으로 발생합니다. ( )

(25) 이 문제에는 正答이 없습니다. ( )

(26) 월간지는 每月 간행되는 잡지입니다. ( )

(27) 무장공비가 國軍에게 포획되었습니다. ( )

(28) 선수의 명성에 어울리는 場外 홈런을 날렸습니다. ( )

(29) 국민의 성실함은 국가 경제 발전의 動力입니다. ( )

(30) 사건이 계속 발생하자 民心은 흉흉해졌습니다. ( )

(31) 형은 올봄 야구 名門 고등학교로 진학했습니다. ( )

(32) 화단에는 花木의 싹들이 삐죽삐죽 자랐습니다. ( )

한자능력검정시험 적중 예상 문제 7급

▼ 한자의 훈과 음 쓰기

[문제 33~52] 다음 漢字한자의 訓(훈: 뜻)과 音(음: 소리)을 쓰세요.

보기
字 ➡ 글자 자

(33) 空 (　　　)　(34) 九 (　　　)

(35) 八 (　　　)　(36) 每 (　　　)

(37) 食 (　　　)　(38) 韓 (　　　)

(39) 漢 (　　　)　(40) 住 (　　　)

(41) 門 (　　　)　(42) 軍 (　　　)

(43) 木 (　　　)　(44) 千 (　　　)

(45) 少 (　　　)　(46) 動 (　　　)

(47) 天 (　　　)　(48) 三 (　　　)

(49) 學 (　　　)　(50) 育 (　　　)

(51) 右 (　　　)　(52) 休 (　　　)

▼ 단어에 알맞은 한자어 찾기

[문제 53~54] 다음 밑줄 친 단어의 漢字語한자어를 보기에서 찾아 그 번호를 쓰세요.

보기
① 門下　② 中立　③ 老少　④ 百花

(53) 친구들 싸움에서 중립적으로 지켜보기만 하였습니다.　(　　　)

(54) 봄바람이 불고 나무마다 백화가 앞다투어 피어납니다.　(　　　)

▼ 훈과 음에 알맞은 한자 찾기

[문제 55~64] 다음 訓(훈: 뜻)과 音(음: 소리)에 맞는 漢字한자를 보기에서 골라 그 번호를 쓰세요.

보기
① 邑　② 間　③ 中　④ 川 ⑤ 手　⑥ 月　⑦ 電　⑧ 四 ⑨ 西　⑩ 話

(55) 번개 전 (　　　)　(56) 가운데 중 (　　　)

(57) 사이 간 (　　　)　(58) 고을 읍 (　　　)

(59) 내 천 (　　　)　(60) 넉 사 (　　　)

(61) 달 월 (　　　)　(62) 서녘 서 (　　　)

(63) 말씀 화 (　　　)　(64) 손 수 (　　　)

▼ 뜻이 상대 또는 반대되는 한자 찾기

[문제 65~66] 다음 漢字한자의 상대 또는 반대되는 漢字한자를 보기에서 찾아 그 번호를 쓰세요.

보기
① 火　② 生　③ 語　④ 大

(65) 水 ↔ (　　　)

(66) 文 ↔ (　　　)

▼ 한자어의 뜻 쓰기

[문제 67~68] 다음 漢字語한자어의 뜻을 쓰세요.

(67) 同門 (　　　　　　　　　)

(68) 農家 (　　　　　　　　　)

▼ 한자의 쓰는 순서 찾기

[문제 69~70] 다음 漢字한자의 진하게 표시된 획은 몇 번째 쓰는지 번호를 쓰세요.

보기
① 첫 번째　② 두 번째 ③ 세 번째　④ 네 번째 ⑤ 다섯 번째　⑥ 여섯 번째 ⑦ 일곱 번째　⑧ 여덟 번째 ⑨ 아홉 번째　⑩ 열 번째 ⑪ 열한 번째　⑫ 열두 번째

(69) 民 (　　　)　(70) 氣 (　　　)

모범 답안은 181쪽에 있습니다.

제2회 한자능력검정시험 적중 예상 문제 7급

▼ 한자어의 음 쓰기

[문제 1~32] 다음 밑줄 친 漢字語한자어의 音(음: 소리)을 쓰세요.

보기
漢字 ➡ 한자

(1) 외교적으로 中立 정책을 고수해 화를 면했습니다. (   )

(2) 급작스런 天氣의 악화로 헬기의 착륙이 취소되었습니다. (   )

(3) 고을의 축제 기간에는 老少를 가리지 않고 함께 즐겼습니다. (   )

(4) 황무지를 비옥한 農土로 개간하였습니다. (   )

(5) 당대에 이름난 선비의 門下에는 제자들이 즐비했습니다. (   )

(6) 심호흡을 크게 하여 맑은 大氣를 들이켰습니다. (   )

(7) 강기슭은 白花가 만발하는 봄입니다. (   )

(8) 중대한 사안이라 記名 투표에 부치기로 하였습니다. (   )

(9) 학교가 발전할 수 있었던 것은 同門의 노력 때문입니다. (   )

(10) 사업이 바빠져 子正을 넘겨 귀가하는 일이 잦습니다. (   )

(11) 농산물 가격 하락으로 農家의 피해가 막심합니다. (   )

(12) 용광로가 열리자 엄청난 火氣가 뿜어져 나왔습니다. (   )

(13) 깊은 山間 지역에서는 밭농사를 많이 짓습니다. (   )

(14) 나이 많은 신하들은 어린 國王의 즉위를 꺼렸습니다. (   )

(15) 선수단이 旗手를 앞세우고 경기장에 들어섰습니다. (   )

(16) 큰 상처를 입었지만 生命에는 지장이 없었습니다. (   )

(17) 그 시절 가업은 주로 長子가 물려받았습니다. (   )

(18) 이번 월급날에는 가족이 外食을 하기로 했습니다. (   )

(19) 달은 月食으로 인해 거의 보이지 않았습니다. (   )

(20) 이 제품은 다른 것에 비해 火力이 우수합니다. (   )

(21) 이번에 그가 室長으로 선출되었습니다. (   )

(22) 사람이면 누구나 不老장생의 꿈이 있습니다. (   )

(23) 거듭된 독촉에 결국 기사 全文을 바꾸었습니다. (   )

(24) 외국의 유용한 제도와 文物을 받아들였습니다. (   )

(25) 도망가던 병력의 일부가 民家에 숨어들었습니다. (   )

(26) 몇 살인데 아직 小便을 가리질 못하니 걱정입니다. (   )

(27) 신도시의 中心에 커다란 가게를 내었습니다. (   )

(28) 東海에 솟아오르는 해를 보며 소원을 빌었습니다. (   )

(29) 아버지께서 저에게 海外 유학을 권하셨습니다. (   )

(30) 十長生이 그려진 병풍이 눈에 띄었습니다. (   )

(31) 버스 안은 女子 아이의 울음으로 시끄러웠습니다. (   )

(32) 훌륭한 子弟를 두셔서 기쁘시겠습니다. (   )

▼ 한자의 훈과 음 쓰기

[문제 33~52] 다음 漢字한자의 訓(훈: 뜻)과 音(음: 소리)을 쓰세요.

보기
字 ➡ 글자 자

(33) 夕 (　　　)　　(34) 里 (　　　)

(35) 花 (　　　)　　(36) 年 (　　　)

(37) 時 (　　　)　　(38) 工 (　　　)

(39) 老 (　　　)　　(40) 萬 (　　　)

(41) 場 (　　　)　　(42) 姓 (　　　)

(43) 道 (　　　)　　(44) 水 (　　　)

(45) 不 (　　　)　　(46) 一 (　　　)

(47) 紙 (　　　)　　(48) 女 (　　　)

(49) 所 (　　　)　　(50) 兄 (　　　)

(51) 海 (　　　)　　(52) 色 (　　　)

▼ 단어에 알맞은 한자어 찾기

[문제 53~54] 다음 밑줄 친 단어의 漢字語한자어를 보기에서 찾아 그 번호를 쓰세요.

보기
① 男子　② 西方　③ 平民　④ 手記

(53) 해넘이로 유명한 이 곳은 해가 질 무렵 서방 하늘이 장관입니다. (　　　)

(54) 이야기 속 인물들은 평민들이거나 그보다 낮은 신분들입니다. (　　　)

▼ 훈과 음에 알맞은 한자 찾기

[문제 55~64] 다음 訓(훈: 뜻)과 音(음: 소리)에 맞는 漢字한자를 보기에서 골라 그 번호를 쓰세요.

보기
① 答　② 青　③ 春　④ 日　⑤ 夏　⑥ 草　⑦ 山　⑧ 午　⑨ 先　⑩ 秋

(55) 풀 초 (　　　)　　(56) 낮 오 (　　　)

(57) 푸를 청 (　　　)　　(58) 대답 답 (　　　)

(59) 메 산 (　　　)　　(60) 여름 하 (　　　)

(61) 봄 춘 (　　　)　　(62) 먼저 선 (　　　)

(63) 날 일 (　　　)　　(64) 가을 추 (　　　)

▼ 뜻이 상대 또는 반대되는 한자 찾기

[문제 65~66] 다음 漢字한자의 상대 또는 반대되는 漢字한자를 보기에서 찾아 그 번호를 쓰세요.

보기
① 北　② 出　③ 金　④ 室

(65) 入 ↔ (　　　)

(66) 南 ↔ (　　　)

▼ 한자어의 뜻 쓰기

[문제 67~68] 다음 漢字語한자어의 뜻을 쓰세요.

(67) 出動 (　　　)

(68) 白旗 (　　　)

▼ 한자의 쓰는 순서 찾기

[문제 69~70] 다음 漢字한자의 진하게 표시된 획은 몇 번째 쓰는지 번호를 쓰세요.

보기
① 첫 번째　② 두 번째　③ 세 번째　④ 네 번째　⑤ 다섯 번째　⑥ 여섯 번째　⑦ 일곱 번째　⑧ 여덟 번째　⑨ 아홉 번째　⑩ 열 번째　⑪ 열한 번째　⑫ 열두 번째

(69) 弟 (　　　)　　(70) 活 (　　　)

모범 답안은 181쪽에 있습니다.

제3회 한자능력검정시험 적중 예상 문제 7급

▼ 한자어의 음 쓰기

[문제 1~32] 다음 밑줄 친 漢字語한자어의 音(음: 소리)을 쓰세요.

보기
漢字 ➡ 한자

(1) 위세 높던 **大國**도 역사의 저 너머로 사라졌습니다. ( )

(2) 재학생과 졸업생이 **校歌**를 함께 불렀습니다. ( )

(3) 내성적이고 **小心**한 성격이 화근입니다. ( )

(4) 학원에서 **學生**들을 모집하고 있습니다. ( )

(5) 새는 **空中**을 마음껏 날아다닙니다. ( )

(6) **正面**에 보이는 곳이 도서관입니다. ( )

(7) 그는 **出所** 후 새사람이 되기로 결심했습니다. ( )

(8) 사업을 시작한 그는 **家電**제품을 팔기로 했습니다. ( )

(9) 얼굴을 굳히며 **正色**을 합니다. ( )

(10) 치솟는 **大學** 등록금이 사회문제가 되었습니다. ( )

(11) 솜씨 좋은 **木手**가 망치를 잡았습니다. ( )

(12) 이 주사는 **生後** 3개월 내에 접종해야 합니다. ( )

(13) 나는 **老人**께 자리를 내드렸습니다. ( )

(14) 그는 부상으로 경기에 **出場**할 수 없었습니다. ( )

(15) 어서 빨리 **主上**의 엄명을 받으시오. ( )

(16) **車主**는 어디에 있습니까? ( )

(17) 시골 마을이 어느새 **中小** 도시로 성장했습니다. ( )

(18) 신병 **一同**은 구령에 맞춰 연병장을 돌았습니다. ( )

(19) **室內**에서는 모자를 벗는 것이 예의입니다. ( )

(20) 그는 불안감에 계속 자문**自答**하며 걸었습니다. ( )

(21) 산에서 나는 약초들은 **民間** 의료에 사용됩니다. ( )

(22) 시계는 **每時** 정확하게 정각을 알렸습니다. ( )

(23) 장군은 언제나 믿음직한 그를 **手下**로 두었습니다. ( )

(24) 민감한 사안에는 늘 **直答**을 피하곤 했습니다. ( )

(25) 말 못하는 사람들은 **手話**로 의사 표현을 했습니다. ( )

(26) 부지런한 그는 **數年** 내에 큰 부자가 될 것입니다. ( )

(27) 압록강을 건너면 바로 **中國** 땅이 펼쳐집니다. ( )

(28) 자연을 보호하기 위해 당분간 **入山**을 제한합니다. ( )

(29) 아무려면 사촌보다 **五寸**이 가까우랴? ( )

(30) 나의 고향은 **四面**이 산으로 둘러싸인 고장입니다. ( )

(31) 세월이 흐르니 **二八**의 곱던 얼굴도 옛말이구나. ( )

(32) 혹독한 추위가 가시고 **春三月**이 되었습니다. ( )

한자능력검정시험 적중 예상 문제 7급

▼ 한자의 훈과 음 쓰기

[문제 33~52] 다음 漢字한자의 訓(훈: 뜻)과 音(음: 소리)을 쓰세요.

보기
字 ➡ 글자 자

(33) 人 (　　　)　(34) 立 (　　　)

(35) 中 (　　　)　(36) 物 (　　　)

(37) 前 (　　　)　(38) 市 (　　　)

(39) 問 (　　　)　(40) 下 (　　　)

(41) 敎 (　　　)　(42) 火 (　　　)

(43) 出 (　　　)　(44) 村 (　　　)

(45) 植 (　　　)　(46) 男 (　　　)

(47) 外 (　　　)　(48) 年 (　　　)

(49) 休 (　　　)　(50) 空 (　　　)

(51) 寸 (　　　)　(52) 川 (　　　)

▼ 단어에 알맞은 한자어 찾기

[문제 53~54] 다음 밑줄 친 단어의 漢字語한자어를 보기에서 찾아 그 번호를 쓰세요.

보기
① 姓名　② 手足　③ 重大　④ 天地

(53) 안개 때문에 천지를 제대로 분간하기가 어렵습니다. (　　　)

(54) 편지에는 받는 사람 주소만 있을 뿐 성명은 없었습니다. (　　　)

▼ 훈과 음에 알맞은 한자 찾기

[문제 55~64] 다음 訓(훈: 뜻)과 音(음: 소리)에 맞는 漢字한자를 보기에서 골라 그 번호를 쓰세요.

보기
① 全　② 手　③ 王　④ 九
⑤ 東　⑥ 南　⑦ 八　⑧ 植
⑨ 工　⑩ 春

(55) 손 수 (　　　)　(56) 봄 춘 (　　　)

(57) 여덟 팔 (　　　)　(58) 임금 왕 (　　　)

(59) 장인 공 (　　　)　(60) 남녘 남 (　　　)

(61) 온전 전 (　　　)　(62) 심을 식 (　　　)

(63) 아홉 구 (　　　)　(64) 동녘 동 (　　　)

▼ 뜻이 상대 또는 반대되는 한자 찾기

[문제 65~66] 다음 漢字한자의 상대 또는 반대되는 漢字한자를 보기에서 찾아 그 번호를 쓰세요.

보기
① 土　② 學　③ 地　④ 九

(65) 敎 ↔ (　　　)

(66) 天 ↔ (　　　)

▼ 한자어의 뜻 쓰기

[문제 67~68] 다음 漢字語한자어의 뜻을 쓰세요.

(67) 生活 (　　　　　　　　　　)

(68) 市內 (　　　　　　　　　　)

▼ 한자의 쓰는 순서 찾기

[문제 69~70] 다음 漢字한자의 진하게 표시된 획은 몇 번째 쓰는지 번호를 쓰세요.

보기
① 첫 번째　② 두 번째
③ 세 번째　④ 네 번째
⑤ 다섯 번째　⑥ 여섯 번째
⑦ 일곱 번째　⑧ 여덟 번째
⑨ 아홉 번째　⑩ 열 번째
⑪ 열한 번째　⑫ 열두 번째

(69) 春 (　　　)　(70) 手 (　　　)

모범 답안은 182쪽에 있습니다.

제4회 한자능력검정시험 적중 예상 문제 7급

▼ 한자어의 음 쓰기

[문제 1~32] 다음 밑줄 친 漢字語한자어의 音(음: 소리)을 쓰세요.

| 보기 |
| 漢字 ➡ 한자 |

(1) 우리나라 **韓方** 의학의 기틀을 다지게 되었습니다. ( )

(2) 과연 전국 **名山**을 두루 섭렵한 산악인이었습니다. ( )

(3) 정성이 가득 담긴 **手工** 제품이 눈에 띄었습니다. ( )

(4) **萬里** 길을 찾아온 부모가 어찌 반갑지 않겠는가? ( )

(5) 우리 조상들은 **孝道**를 제일의 덕목으로 꼽았습니다. ( )

(6) 스위치를 켜자 **電動** 모터가 돌기 시작했습니다. ( )

(7) 그의 풍모가 과연 **王家**의 후손다웠습니다. ( )

(8) 그 집은 담장이 **生花**로 장식되었습니다. ( )

(9) 때에 따라 **人間**은 초인적 힘을 발휘합니다. ( )

(10) 사회적 혼란은 **國力**을 약화시킵니다. ( )

(11) 기계가 정해진 시간이 되면 **自動**으로 꺼집니다. ( )

(12) 누가 보더라도 이해할 수 있는 글이 **名文**입니다. ( )

(13) **一國**의 통치자로서 위엄이 대단했습니다. ( )

(14) 너무 낙담하지 말고 일단 **自重**하거라. ( )

(15) 내일은 **學父母**님이 학교에 오시는 날입니다. ( )

(16) 가뭄이 계속되어 **土地**가 황폐해 집니다. ( )

(17) 진로 문제로 **父子** 간에 언쟁이 계속됩니다. ( )

(18) 연주가 시작되자 **歌手**가 무대에 올랐습니다. ( )

(19) 한 때 **年間** 수출액이 10억을 넘겼습니다. ( )

(20) 좁은 체육관에 **國歌**가 울려 퍼졌습니다. ( )

(21) 오랫동안 우리의 **山水**를 화폭에 옮겨 담았습니다. ( )

(22) 경기 장면이 **全國**에 생방송 되었습니다. ( )

(23) 형은 **後年**에 대학교에 진학할 예정입니다. ( )

(24) 부모에 대한 **不孝**는 중벌로 다스려졌습니다. ( )

(25) **上空**에 연을 띄웠습니다. ( )

(26) 주말 내내 **電話** 한 통이 없었습니다. ( )

(27) 하라는 일은 안하고 **間食** 먹기에만 열중입니다. ( )

(28) 이 집은 전국에서 맛집으로 꼽히는 한식의 **名家**입니다. ( )

(29) **立秋**를 넘겨도 가을은 멀기만 합니다. ( )

(30) **五色**구름이 찬란한 가운데로 새 하나가 날았습니다. ( )

(31) 순식간에 **空中**으로 솟구친 물기둥이 어마어마했습니다. ( )

(32) 해방의 기쁨이 **三千里**를 가득 메웠습니다. ( )

한자능력검정시험 적중 예상 문제 7급

▼ 한자의 훈과 음 쓰기

[문제 33~52] 다음 漢字한자의 訓(훈: 뜻)과 音(음: 소리)을 쓰세요.

보기
字 ➡ 글자 자

(33) 方 (　　　)　(34) 便 (　　　)

(35) 右 (　　　)　(36) 萬 (　　　)

(37) 間 (　　　)　(38) 林 (　　　)

(39) 色 (　　　)　(40) 每 (　　　)

(41) 冬 (　　　)　(42) 全 (　　　)

(43) 世 (　　　)　(44) 數 (　　　)

(45) 江 (　　　)　(46) 育 (　　　)

(47) 立 (　　　)　(48) 正 (　　　)

(49) 答 (　　　)　(50) 寸 (　　　)

(51) 西 (　　　)　(52) 花 (　　　)

▼ 단어에 알맞은 한자어 찾기

[문제 53~54] 다음 밑줄 친 단어의 漢字語한자어를 보기에서 찾아 그 번호를 쓰세요.

보기
① 六二五　② 家門　③ 命中　④ 自力

(53) 6·25 전쟁이 남한의 북침으로 시작됐다고 잘못 전하기도 했습니다. (　　　)

(54) 우리 조상 가운데는 자력으로 재상이 된 분도 계십니다. (　　　)

▼ 훈과 음에 알맞은 한자 찾기

[문제 55~64] 다음 訓(훈: 뜻)과 音(음: 소리)에 맞는 漢字한자를 보기에서 골라 그 번호를 쓰세요.

(55) 골 동 (　　　)　(56) 한국 한 (　　　)

(57) 번개 전 (　　　)　(58) 학교 교 (　　　)

(59) 셈 산 (　　　)　(60) 농사 농 (　　　)

(61) 마을 리 (　　　)　(62) 먹을 식 (　　　)

(63) 목숨 명 (　　　)　(64) 일곱 칠 (　　　)

▼ 뜻이 상대 또는 반대되는 한자 찾기

[문제 65~66] 다음 漢字한자의 상대 또는 반대되는 漢字한자를 보기에서 찾아 그 번호를 쓰세요.

보기
① 活　② 上　③ 大　④ 內

(65) 小 ↔ (　　　)

(66) 外 ↔ (　　　)

▼ 한자어의 뜻 쓰기

[문제 67~68] 다음 漢字語한자어의 뜻을 쓰세요.

(67) 正月 (　　　　　　　　　)

(68) 農地 (　　　　　　　　　)

▼ 한자의 쓰는 순서 찾기

[문제 69~70] 다음 漢字한자의 진하게 표시된 획은 몇 번째 쓰는지 번호를 쓰세요.

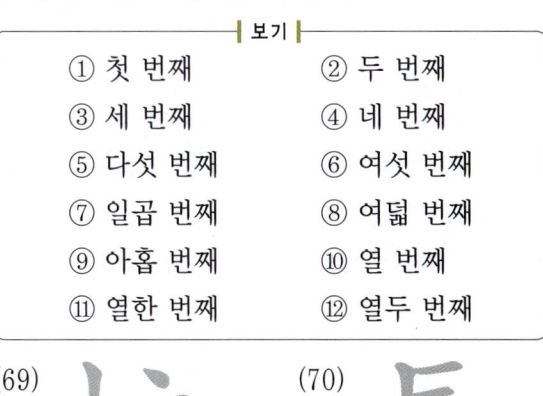

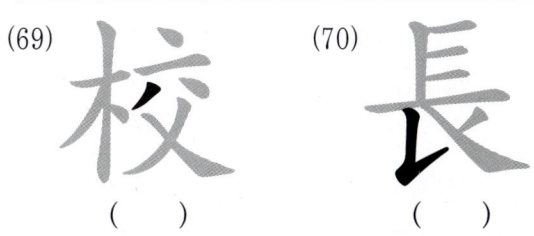

모범 답안은 182쪽에 있습니다.

제5회 한자능력검정시험 적중 예상 문제 7급

▼ 한자어의 음 쓰기

[문제 1~32] 다음 밑줄 친 漢字語한자어의 音(음: 소리)을 쓰세요.

보기
漢字 ➡ 한자

(1) 어르신 春秋에 그 일은 무리가 될 듯 싶었습니다. ( )

(2) 아이들은 農場을 견학할 기회를 얻게 되었습니다. ( )

(3) 회장은 그의 長男에게 사업을 인계하고 떠났습니다. ( )

(4) 희곡은 무대 공연을 위한 文學입니다. ( )

(5) 방학동안 교사들은 校外 생활 지도를 계획했습니다. ( )

(6) 그 즈음 年下와 결혼하는 예가 많았습니다. ( )

(7) 그 재봉틀은 水動입니다. ( )

(8) 우리 임금 역시 三韓의 어느 왕 못지않았습니다. ( )

(9) 지친 몸으로 읍내까지 十里나 되는 거리를 걸었습니다. ( )

(10) 임금은 친히 世子에게 왕도를 강론하였습니다. ( )

(11) 꽃다운 靑春을 모두 소진하였습니다. ( )

(12) 고구려는 반도의 자존심을 지킨 東方의 강국입니다. ( )

(13) 이 작품은 中世 유럽을 배경으로 하고 있습니다. ( )

(14) 더위를 많이 타는 그는 每事 귀찮은 모양입니다. ( )

(15) 그는 萬人의 흥미를 끄는 이야기꾼입니다. ( )

(16) 식이 거행되자 모두 國旗를 향했습니다. ( )

(17) 적군의 主力 부대에 집중 포화를 퍼부었습니다. ( )

(18) 세금을 三重으로 냈습니다. ( )

(19) 비가 오는 날씨라 平日보다 길이 많이 막힙니다. ( )

(20) 모든 일에는 先後가 있는 법입니다. ( )

(21) 이 기계는 水力을 이용해 동력을 생산합니다. ( )

(22) 그는 빈 곳에 正字로 자신의 이름을 썼습니다. ( )

(23) 인간의 교육은 出生부터 사망까지 계속됩니다. ( )

(24) 외국에 나가면 母國이 그리워집니다. ( )

(25) 슬하에 子女가 없어 걱정이라 했습니다. ( )

(26) 이 지역은 草地가 발달하여 목장이 많습니다. ( )

(27) 방송을 탄 후 작은 마을이 名所가 되었습니다. ( )

(28) 옷감이 마치 白紙와 같이 하얗고 고왔습니다. ( )

(29) 입장료가 大人 기준으로 작년보다 올랐습니다. ( )

(30) 지구의 모든 물체는 重力의 영향을 받습니다. ( )

(31) 심상치 않은 소문에 마을은 不安으로 가득했습니다. ( )

(32) 구경하는 데 정신을 팔려 時間 가는 줄 모른다. ( )

▼ 한자의 훈과 음 쓰기

[문제 33~52] 다음 漢字한자의 訓(훈: 뜻)과 音(음: 소리)을 쓰세요.

> 보기
> 字 ➡ 글자 자

(33) 有 (   )   (34) 海 (   )

(35) 祖 (   )   (36) 孝 (   )

(37) 住 (   )   (38) 四 (   )

(39) 登 (   )   (40) 十 (   )

(41) 平 (   )   (42) 月 (   )

(43) 夕 (   )   (44) 文 (   )

(45) 物 (   )   (46) 力 (   )

(47) 漢 (   )   (48) 重 (   )

(49) 場 (   )   (50) 五 (   )

(51) 時 (   )   (52) 山 (   )

▼ 단어에 알맞은 한자어 찾기

[문제 53~54] 다음 밑줄 친 단어의 漢字語한자어를 보기에서 찾아 그 번호를 쓰세요.

> 보기
> ① 左手   ② 生日   ③ 入學   ④ 海物

(53) 내년이면 동생도 입학할 나이가 되는구나. (   )

(54) 마을 사람들 대부분이 해물들을 팔아 살아갑니다. (   )

▼ 훈과 음에 알맞은 한자 찾기

[문제 55~64] 다음 訓(훈: 뜻)과 音(음: 소리)에 맞는 漢字한자를 보기에서 골라 그 번호를 쓰세요.

> 보기
> ① 農   ② 話   ③ 兄   ④ 白
> ⑤ 外   ⑥ 門   ⑦ 夏   ⑧ 平
> ⑨ 室   ⑩ 然

(55) 말씀 화 (   )   (56) 평평할 평 (   )

(57) 바깥 외 (   )   (58) 그럴 연 (   )

(59) 여름 하 (   )   (60) 집 실 (   )

(61) 흰 백 (   )   (62) 농사 농 (   )

(63) 형 형 (   )   (64) 문 문 (   )

▼ 뜻이 상대 또는 반대되는 한자 찾기

[문제 65~66] 다음 漢字한자의 상대 또는 반대되는 漢字한자를 보기에서 찾아 그 번호를 쓰세요.

> 보기
> ① 口   ② 算   ③ 下   ④ 弟

(65) 兄 ↔ (   )

(66) 上 ↔ (   )

▼ 한자어의 뜻 쓰기

[문제 67~68] 다음 漢字語한자어의 뜻을 쓰세요.

(67) 校旗 (   )

(68) 大國 (   )

▼ 한자의 쓰는 순서 찾기

[문제 69~70] 다음 漢字한자의 진하게 표시된 획은 몇 번째 쓰는지 번호를 쓰세요.

> 보기
> ① 첫 번째   ② 두 번째
> ③ 세 번째   ④ 네 번째
> ⑤ 다섯 번째   ⑥ 여섯 번째
> ⑦ 일곱 번째   ⑧ 여덟 번째
> ⑨ 아홉 번째   ⑩ 열 번째
> ⑪ 열한 번째   ⑫ 열두 번째

(69) 金 (   )   (70) 生 (   )

모범 답안은 182쪽에 있습니다.

제6회 한자능력검정시험 적중 예상 문제 7급

▼ 한자어의 음 쓰기

[문제 1~32] 다음 밑줄 친 漢字語한자어의 音(음: 소리)을 쓰세요.

보기
漢字 ➡ 한자

(1) 힘없는 農民의 희생만 늘어갈 뿐입니다. ( )

(2) 집안 어른들이 그 靑年을 좋게 본 모양입니다. ( )

(3) 그리 비싼 것은 아니지만 내겐 매우 所重합니다. ( )

(4) 당장 추위를 피할 場所를 알아봐야 했습니다. ( )

(5) 아버지는 時事 프로그램에 관심이 많으십니다. ( )

(6) 그의 작품은 어느 大家의 작품에 비해 손색이 없습니다. ( )

(7) 두 나라가 합쳐져 새로운 國名이 사용되었습니다. ( )

(8) 선친의 부고를 電文으로 받고 고향으로 향했습니다. ( )

(9) 그 회사는 年間 2억불의 수출을 합니다. ( )

(10) 주차장은 본 건물 後門에 있습니다. ( )

(11) 一月부터 내린 눈은 봄이 되어도 녹지 않았습니다. ( )

(12) 우리 학교는 인성 敎育에 중점을 두고 있습니다. ( )

(13) 단풍이 익어가니 비로소 秋色이 완연합니다. ( )

(14) 신문에 간밤 사건에 대한 記事가 실렸습니다. ( )

(15) 每日 정기적으로 모임을 갖습니다. ( )

(16) 위험한 고비를 넘겼으니 부디 安心하세요. ( )

(17) 국가의 위기에는 文人의 붓도 위력이 있습니다. ( )

(18) 나무 가지 사이로 草家지붕이 언뜻 보입니다. ( )

(19) 부부는 洞口 밖을 나서서 이웃마을로 향했습니다. ( )

(20) 수험생들은 고사실로 入室하시기 바랍니다. ( )

(21) 놀이공원에서는 열두 살까지 小人 요금을 받습니다. ( )

(22) 대개 북방의 민족은 南方의 민족보다 다혈질입니다. ( )

(23) 당시에는 구어보다는 文語 표현이 흔했습니다. ( )

(24) 신생아는 三七日이 지나야 이목구비가 또렷해집니다. ( )

(25) 식사를 마치고 後食으로 다과를 차렸습니다. ( )

(26) 힘은 보태지 않고 生色낼 궁리만 하느냐! ( )

(27) 장부에 별도로 記入된 내용을 자세히 보았습니다. ( )

(28) 부상을 치료한 그는 自活을 위해 노력중입니다. ( )

(29) 할머니는 平生 모은 큰돈을 선뜻 기부하셨습니다. ( )

(30) 지구의 기온이 每年 조금씩 상승하고 있습니다. ( )

(31) 군사 시설이므로 일반인의 出入을 금합니다. ( )

(32) 뙤약볕이 내리쬐어 室外 공기가 뜨겁습니다. ( )

▼ 한자의 훈과 음 쓰기
[문제 33~52] 다음 漢字한자의 訓(훈: 뜻)과 音(음: 소리)을 쓰세요.

보기
字 ➡ 글자 자

(33) 國 (　　　)　(34) 百 (　　　)

(35) 地 (　　　)　(36) 旗 (　　　)

(37) 姓 (　　　)　(38) 三 (　　　)

(39) 車 (　　　)　(40) 軍 (　　　)

(41) 自 (　　　)　(42) 林 (　　　)

(43) 氣 (　　　)　(44) 足 (　　　)

(45) 名 (　　　)　(46) 女 (　　　)

(47) 二 (　　　)　(48) 前 (　　　)

(49) 大 (　　　)　(50) 先 (　　　)

(51) 木 (　　　)　(52) 直 (　　　)

▼ 단어에 알맞은 한자어 찾기
[문제 53~54] 다음 밑줄 친 단어의 漢字語한자어를 보기에서 찾아 그 번호를 쓰세요.

보기
① 前文　② 空然　③ 校門　④ 年內

(53) 별일 아닌 일에 공연히 걱정을 끼쳐 드려 죄송합니다. (　　　)

(54) 나는 친구와 함께 교문을 나섰습니다. (　　　)

▼ 훈과 음에 알맞은 한자 찾기
[문제 55~64] 다음 訓(훈: 뜻)과 音(음: 소리)에 맞는 漢字한자를 보기에서 골라 그 번호를 쓰세요.

보기
① 同　② 事　③ 道　④ 靑 ⑤ 十　⑥ 子　⑦ 小　⑧ 寸 ⑨ 祖　⑩ 南

(55) 한가지 동 (　　　)　(56) 작을 소 (　　　)

(57) 아들 자 (　　　)　(58) 길 도 (　　　)

(59) 마디 촌 (　　　)　(60) 남녘 남 (　　　)

(61) 푸를 청 (　　　)　(62) 열 십 (　　　)

(63) 할아비 조 (　　　)　(64) 일 사 (　　　)

▼ 뜻이 상대 또는 반대되는 한자 찾기
[문제 65~66] 다음 漢字한자의 상대 또는 반대되는 漢字한자를 보기에서 찾아 그 번호를 쓰세요.

보기
① 市　② 入　③ 江　④ 北

(65) 山 ↔ (　　　)

(66) 南 ↔ (　　　)

▼ 한자어의 뜻 쓰기
[문제 67~68] 다음 漢字語한자어의 뜻을 쓰세요.

(67) 敎人 (　　　　　　　　　　)

(68) 名答 (　　　　　　　　　　)

▼ 한자의 쓰는 순서 찾기
[문제 69~70] 다음 漢字한자의 진하게 표시된 획은 몇 번째 쓰는지 번호를 쓰세요.

보기	
① 첫 번째	② 두 번째
③ 세 번째	④ 네 번째
⑤ 다섯 번째	⑥ 여섯 번째
⑦ 일곱 번째	⑧ 여덟 번째
⑨ 아홉 번째	⑩ 열 번째
⑪ 열한 번째	⑫ 열두 번째

(69) 所 (　　　)　(70) 然 (　　　)

모범 답안은 183쪽에 있습니다.

제7회 한자능력검정시험 적중 예상 문제 7급

▼ 한자어의 음 쓰기

[문제 1~32] 다음 밑줄 친 漢字語한자어의 音(음: 소리)을 쓰세요.

보기
漢字 ➡ 한자

(1) 단발머리를 날리며 <u>少女</u>가 뛰어왔습니다. (　　)

(2) 이번 운동회에서 <u>靑軍</u>이 백군을 꺾었습니다. (　　)

(3) 조선의 유교는 민본을 바탕으로 <u>王道</u>를 중시했습니다. (　　)

(4) 이 지역에 <u>自生</u>하는 풀들은 한해살이가 대부분입니다. (　　)

(5) 청자의 <u>靑色</u>은 푸른빛의 절정은 느끼게 합니다. (　　)

(6) 누나는 <u>一年</u> 동안 유럽을 여행하고 돌아왔습니다. (　　)

(7) 큰 불이 나서 소방차 <u>數十</u> 대가 늘어서 있습니다. (　　)

(8) 의자가 앉기에 <u>不便</u>합니다. (　　)

(9) 그는 건강을 위해 <u>每日</u> 아침 30분씩 걷습니다. (　　)

(10) 서울의 <u>江北</u>에는 가볼 만한 고궁이 많습니다. (　　)

(11) 그때까지 그의 소식은 <u>全然</u> 들리지 않았습니다. (　　)

(12) 반 등수는 올랐는데 <u>全校</u> 등수는 떨어졌습니다. (　　)

(13) 자칭 <u>道人</u>이라 하는 그는 눈빛부터 달랐습니다. (　　)

(14) 직원 모두가 <u>植木</u> 행사에 참가하였습니다. (　　)

(15) 기후가 더운 <u>南道</u>에는 고구마가 많이 납니다. (　　)

(16) 영리한 <u>少年</u>의 지혜가 큰 사고를 막았습니다. (　　)

(17) 어린 시절 방학이 되면 늘 <u>外家</u>에 내려가 지냈습니다. (　　)

(18) 그는 줄곧 <u>自問</u>자답하며 불안감을 누르려 했습니다. (　　)

(19) 겉으로 보이는 아름다움보다 <u>內面</u>의 미가 중요합니다. (　　)

(20) 나는 은사님을 뵙고자 오랜만에 <u>母校</u>를 찾았습니다. (　　)

(21) 이런 것은 임시 <u>方便</u>에 지나지 않습니다. (　　)

(22) 바닷물을 따라 <u>海草</u>가 밀려왔습니다. (　　)

(23) 동아시아에는 벼 <u>農事</u>를 많이 짓습니다. (　　)

(24) 지나친 <u>人口</u> 이동은 사회적 문제가 됩니다. (　　)

(25) <u>下校</u> 시간에 비가 내려 낭패를 보았습니다. (　　)

(26) 두리번두리번 <u>左右</u>를 살핍니다. (　　)

(27) 제곱을 뜻하는 <u>平方</u>은 넓이를 나타내는 단위입니다. (　　)

(28) 범인에게서 죄를 시인하는 <u>自白</u>을 받아냈습니다. (　　)

(29) 다급한 환자를 태운 <u>人力車</u>가 바람처럼 달려갑니다. (　　)

(30) 이번 일은 <u>洞內</u>에서 처리할 것입니다. (　　)

(31) 해가 지자 사방은 어둠 <u>天地</u>로 바뀌었습니다. (　　)

(32) 조카는 언니와 <u>兄夫</u>의 좋은 점만 닮았습니다. (　　)

한자능력검정시험 적중 예상 문제 7급

▼ 한자의 훈과 음 쓰기

[문제 33~52] 다음 漢字한자의 訓(훈: 뜻)과 音(음: 소리)을 쓰세요.

보기
字 ➡ 글자 자

(33) 草 (　　　)　　(34) 天 (　　　)

(35) 民 (　　　)　　(36) 母 (　　　)

(37) 土 (　　　)　　(38) 一 (　　　)

(39) 日 (　　　)　　(40) 千 (　　　)

(41) 心 (　　　)　　(42) 下 (　　　)

(43) 語 (　　　)　　(44) 面 (　　　)

(45) 夫 (　　　)　　(46) 來 (　　　)

(47) 家 (　　　)　　(48) 不 (　　　)

(49) 上 (　　　)　　(50) 主 (　　　)

(51) 少 (　　　)　　(52) 歌 (　　　)

▼ 단어에 알맞은 한자어 찾기

[문제 53~54] 다음 밑줄 친 단어의 漢字語한자어를 보기에서 찾아 그 번호를 쓰세요.

보기
① 心室　② 一字　③ 不全　④ 日時

(53) 행사 안내장에 일시가 나와 있지 않아 불편했습니다.　(　　)

(54) 우리 언니는 일자 눈썹입니다.　(　　)

▼ 훈과 음에 알맞은 한자 찾기

[문제 55~64] 다음 訓(훈: 뜻)과 音(음: 소리)에 맞는 漢字한자를 보기에서 골라 그 번호를 쓰세요.

보기
① 入　② 父　③ 記　④ 國 ⑤ 動　⑥ 內　⑦ 邑　⑧ 紙 ⑨ 安　⑩ 水

(55) 나라 국 (　　)　　(56) 아비 부 (　　)

(57) 들 입 (　　)　　(58) 움직일 동 (　　)

(59) 물 수 (　　)　　(60) 종이 지 (　　)

(61) 편안 안 (　　)　　(62) 고을 읍 (　　)

(63) 기록할 기 (　　)　　(64) 안 내 (　　)

▼ 뜻이 상대 또는 반대되는 한자 찾기

[문제 65~66] 다음 漢字한자의 상대 또는 반대되는 漢字한자를 보기에서 찾아 그 번호를 쓰세요.

보기
① 午　② 八　③ 左　④ 秋

(65) 右 ↔ (　　)

(66) 春 ↔ (　　)

▼ 한자어의 뜻 쓰기

[문제 67~68] 다음 漢字語한자어의 뜻을 쓰세요.

(67) 住所 (　　　　　　　　　　)

(68) 同生 (　　　　　　　　　　)

▼ 한자의 쓰는 순서 찾기

[문제 69~70] 다음 漢字한자의 진하게 표시된 획은 몇 번째 쓰는지 번호를 쓰세요.

보기	
① 첫 번째	② 두 번째
③ 세 번째	④ 네 번째
⑤ 다섯 번째	⑥ 여섯 번째
⑦ 일곱 번째	⑧ 여덟 번째
⑨ 아홉 번째	⑩ 열 번째
⑪ 열한 번째	⑫ 열두 번째

(69) 後 (　　)　　(70) 事 (　　)

모범 답안은 183쪽에 있습니다.

모범 답안

'배움'과 관계있는 한자

동화로 쏙쏙
16~17쪽

1 국 **2** 생 **3** 교 **4** 육 **5** 문 **6** 어 **7** 학 **8** 자
9 답 **10** 교 **11** 선 **12** 문

게임으로 쏙쏙

18쪽 　19쪽

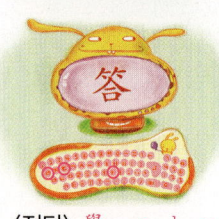 

〈정답〉 學 → ㅎ, ㅏ, ㄱ
　　　 答 → ㄷ, ㅏ, ㅂ

100점 만점에 100점
20~21쪽

1 (1) - ㄴ (2) - ㄷ (3) - ㄹ (4) - ㄱ
2 (1) 문자 (2) 자생 (3) 교실 (4) 학년
3 (1) 글월, 사람 (2) 아닐, 물을 (3) 스스로, 대답 (4) 학교, 노래 **4** (1) ㄹ (2) ㄴ (3) ㄱ (4) ㄷ
5 (1) ㄱ (2) ㄷ (3) ㄴ (4) ㄹ
6 (1) ㄴ (2) ㄷ (3) ㄱ (4) ㄹ
7 (1) 答紙 (2) 母校 (3) 天文 (4) 教育

'숫자'와 관계있는 한자

동화로 쏙쏙
28~29쪽

1 일 **2** 이 **3** 삼 **4** 사 **5** 오 **6** 륙 **7** 칠 **8** 팔
9 구 **10** 십 **11** 백 **12** 천 **13** 만

게임으로 쏙쏙

30쪽 　31쪽

〈정답〉 二萬七千五百九十 원

100점 만점에 100점
32~33쪽

1 (1) - ㄱ (2) - ㄷ (3) - ㄴ (4) - ㄹ **2** (1) 십리 (2) 만전
(3) 이팔 (4) 오색　**3** (1) 일곱, 저녁 (2) 일만, 한
(3) 석, 마디 (4) 여덟, 모 **4** (1) ㄱ (2) ㄷ (3) ㄴ (4) ㄹ
5 (1) ㄹ (2) ㄷ (3) ㄴ (4) ㄱ **6** (1) ㄴ (2) ㄷ (3) ㄹ
(4) ㄱ **7** (1) 五六月 (2) 三面 (3) 數學 (4) 二重

'색·신체'와 관계있는 한자

동화로 쏙쏙
36~37쪽

1 청 **2** 색 **3** 백 **4** 구 **5** 수 **6** 족

게임으로 쏙쏙

38쪽 　39쪽

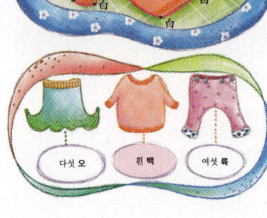

100점 만점에 100점
40~41쪽

1 (1) ㄹ (2) ㄱ (3) ㄷ (4) ㄴ **2** (1) 청춘 (2) 백인 (3) 물색 (4) 하수 **3** (1) 손, 기록할 (2) 입, 말씀 (3) 한, 빛 (4) 푸를, 메 **4** (1) ㄷ (2) ㄱ (3) ㄹ (4) ㄴ **5** (1) ㄱ (2) ㄴ (3) ㄹ (4) ㄷ **6** (1) ㄷ (2) ㄴ (3) ㄹ (4) ㄱ **7** (1) 手記 (2) 自足 (3) 五色 (4) 萬人

'방향·위치'와 관계있는 한자

동화로 쏙쏙
46~47쪽

1 내 **2** 우 **3** 좌 **4** 전 **5** 후 **6** 서 **7** 동 **8** 남 **9** 북 **10** 상 **11** 하 **12** 외

게임으로 쏙쏙

48쪽

49쪽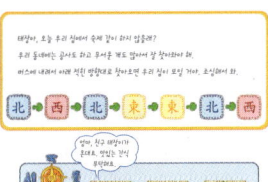

〈정답〉 **1.** 東海 **2.** 前後 **3.** 內外

100점 만점에 100점
50~51쪽

1 (1) ㄹ (2) ㄴ (3) ㄷ (4) ㄱ **2** (1) 동서 (2) 내면 (3) 오후 (4) 외가 **3** (1) 윗, 빌 (2) 동녘, 바다 (3) 왼, 손 (4) 마당, 바깥 **4** (1) ㄴ (2) ㄷ (3) ㄹ (4) ㄱ **5** (1) ㄱ (2) ㄴ (3) ㄷ (4) ㄹ **6** (1) ㄹ (2) ㄴ (3) ㄱ (4) ㄷ **7** (1) 左心室 (2) 內外 (3) 海上 (4) 南道

'가족·요일'과 관계있는 한자

동화로 쏙쏙
56~57쪽

1 조 **2** 부 **3** 모 **4** 형 **5** 제 **6** 월 **7** 화 **8** 수 **9** 목 **10** 금 **11** 토

게임으로 쏙쏙

58쪽

59쪽

〈정답〉 **1.** 金 **2.** 火 **3.** 木 **4.** 土 **5.** 四+十一+十八+二十五=五十八

〈정답〉 祖父, 子, 祖母, 母, 女, 父, 兄, 弟

100점 만점에 100점
60~61쪽

1 (1) ㄷ (2) ㄱ (3) ㄴ (4) ㄹ **2** (1) 모국 (2) 자제 (3) 정월 (4) 수중 **3** (1) 형, 지아비 (2) 아우, 아들 (3) 나무, 장인 (4) 나라, 흙 **4** (1) ㄴ (2) ㄱ (3) ㄹ (4) ㄷ **5** (1) ㄷ (2) ㄱ (3) ㄴ (4) ㄹ **6** (1) ㄴ (2) ㄹ (3) ㄷ (4) ㄱ **7** (1) 老母 (2) 祖上 (3) 食水 (4) 學父母

'사람 활동'과 관계있는 한자

동화로 쏙쏙
68~69쪽

1 농 **2** 사 **3** 가 **4** 동 **5** 등 **6** 립 **7** 입 **8** 화 **9** 래 **10** 식 **11** 출 **12** 식 **13** 휴 **14** 기 **15** 활

모범 답안

게임으로 쏙쏙

70쪽

71쪽

100점 만점에 100점

72~73쪽

1 ⑴ - ㄴ ⑵ - ㄹ ⑶ - ㄷ ⑷ - ㄱ **2** ⑴ 동력 ⑵ 등장 ⑶ 인사 ⑷ 출국 **3** ⑴ 군사, 노래 ⑵ 가운데, 설 ⑶ 기록할, 들 ⑷ 오를, 학교 **4** ⑴ ㄴ ⑵ ㄷ ⑶ ㄱ ⑷ ㄹ **5** ⑴ ㄴ ⑵ ㄱ ⑶ ㄷ ⑷ ㄹ **6** ⑴ ㄹ ⑵ ㄷ ⑶ ㄱ ⑷ ㄴ **7** ⑴ 活動 ⑵ 國立 ⑶ 事物 ⑷ 入手

'시간'과 관계있는 한자

동화로 쏙쏙
78~79쪽

1 시 **2** 오 **3** 년 **4** 춘 **5** 하 **6** 추 **7** 동 **8** 간 **9** 석

게임으로 쏙쏙

80쪽

81쪽

(우산)

100점 만점에 100점

82~83쪽

1 ⑴ - ㄱ ⑵ - ㄹ ⑶ - ㄷ ⑷ - ㄴ
2 ⑴ 내년 ⑵ 칠석 ⑶ 입동 ⑷ 춘추
3 ⑴ 가운데, 사이 ⑵ 설, 봄 ⑶ 바를, 낮 ⑷ 여름, 겨울
4 ⑴ ㄱ ⑵ ㄴ ⑶ ㄹ ⑷ ㄷ
5 ⑴ ㄷ ⑵ ㄴ ⑶ ㄱ ⑷ ㄹ
6 ⑴ ㄹ ⑵ ㄱ ⑶ ㄴ ⑷ ㄷ
7 ⑴ 年間 ⑵ 立夏 ⑶ 青年 ⑷ 午後

'사람 성격·행정 구역'과 관계있는 한자

동화로 쏙쏙
88~89쪽

1 도 **2** 시 **3** 읍 **4** 리 **5** 정 **6** 직 **7** 편 **8** 안 **9** 면 **10** 효 **11** 심

게임으로 쏙쏙

90쪽

91쪽

100점 만점에 100점

92~93쪽

1 ⑴ㄱ ⑵ㄹ ⑶ㄴ ⑷ㄷ **2** ⑴ 인편
⑵ 불효 ⑶ 도인 ⑷ 안전 **3** ⑴ 작을, 마음 ⑵ 일만,
마을 ⑶ 고을, 긴 ⑷ 아래, 곧을 **4** ⑴ㄱ ⑵ㄹ ⑶ㄴ
⑷ㄷ **5** ⑴ㄹ ⑵ㄴ ⑶ㄷ ⑷ㄱ **6** ⑴ㄹ ⑵ㄱ
⑶ㄴ ⑷ㄷ **7** ⑴ 下直 ⑵ 水面 ⑶ 問安 ⑷ 三千里

'나라·사물·집'과 관계있는 한자

동화로 쏙쏙
98~99쪽

1 문 **2** 차 **3** 기 **4** 지 **5** 중 **6** 한 **7** 일
8 가 **9** 실 **10** 장 **11** 주 **12** 소

게임으로 쏙쏙

100쪽

101쪽

100점 만점에 100점

102~103쪽

1 ⑴ㄴ ⑵ㄷ ⑶ㄹ ⑷ㄱ **2** ⑴ 공장 ⑵ 문중
⑶ 가장 ⑷ 한식 **3** ⑴ 마당, 바 ⑵ 번개, 수레 ⑶ 집,
바깥 ⑷ 손, 가운데 **4** ⑴ㄴ ⑵ㄱ ⑶ㄹ ⑷ㄷ
5 ⑴ㄹ ⑵ㄴ ⑶ㄱ ⑷ㄷ **6** ⑴ㄱ ⑵ㄴ ⑶ㄹ
⑷ㄷ **7** ⑴ 正門 ⑵ 入住 ⑶ 旗手 ⑷ 白旗

'자연'과 관계있는 한자

동화로 쏙쏙
108~109쪽

1 산 **2** 초 **3** 림 **4** 화 **5** 천 **6** 전 **7** 지
8 천 **9** 강 **10** 해 **11** 연 **12** 자

게임으로 쏙쏙

110쪽

111쪽

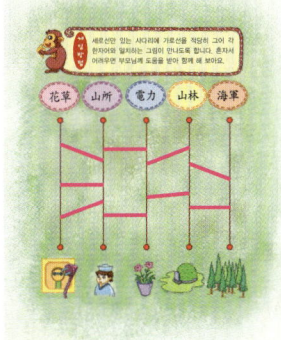

100점 만점에 100점

112~113쪽

1 ⑴ㄹ ⑵ㄴ ⑶ㄱ ⑷ㄷ **2** ⑴ 자활
⑵ 산천 ⑶ 청천 ⑷ 산소 **3** ⑴ 농사, 마을 ⑵ 메,
내 ⑶ 스스로, 움직일 ⑷ 바다, 바깥 **4** ⑴ㄱ ⑵ㄷ
⑶ㄹ ⑷ㄴ **5** ⑴ㄹ ⑵ㄷ ⑶ㄴ ⑷ㄱ
6 ⑴ㄱ ⑵ㄹ ⑶ㄴ ⑷ㄷ **7** ⑴ 天地 ⑵ 海軍
⑶ 海外 ⑷ 自生川

'사물 상태'와 관계있는 한자

동화로 쏙쏙
118~119쪽

1 소 **2** 대 **3** 장 **4** 평 **5** 방 **6** 중 **7** 전
8 공 **9** 동

모범 답안 **179**

모범 답안

게임으로 쏙쏙

120쪽　　121쪽

100점 만점에 100점

122~123쪽

1 (1) - ㄱ (2) - ㄹ (3) - ㄴ (4) - ㄷ　**2** (1) 공중 (2) 불평 (3) 전력 (4) 교장　**3** (1) 평평할, 때 (2) 한가지, 이름 (3) 무거울, 힘 (4) 빌, 사이　**4** (1) ㄴ (2) ㄹ (3) ㄱ (4) ㄷ　**5** (1) ㄹ (2) ㄴ (3) ㄱ (4) ㄷ　**6** (1) ㄱ (2) ㄹ (3) ㄷ (4) ㄴ　**7** (1) 同生 (2) 大門 (3) 平生 (4) 同一

'사람'과 관계있는 한자

동화로 쏙쏙

128~129쪽

1 인　**2** 민　**3** 남　**4** 녀　**5** 로　**6** 군　**7** 왕　**8** 주　**9** 공　**10** 세　**11** 부　**12** 소

게임으로 쏙쏙

130쪽　　131쪽

100점 만점에 100점

132~133쪽

1 (1) - ㄷ (2) - ㄹ (3) - ㄱ (4) - ㄴ　**2** (1) 청군 (2) 인부 (3) 왕자 (4) 농부　**3** (1) 적을, 해 (2) 나라, 임금 (3) 백성, 집 (4) 인간, 윗　**4** (1) ㄷ (2) ㄹ (3) ㄱ (4) ㄴ　**5** (1) ㄱ (2) ㄷ (3) ㄹ (4) ㄴ　**6** (1) ㄴ (2) ㄱ (3) ㄹ (4) ㄷ　**7** (1) 民主 (2) 國軍 (3) 男便 (4) 工夫

그 밖의 한자

동화로 쏙쏙

138~139쪽

1 물　**2** 매　**3** 촌　**4** 유　**5** 불　**6** 기　**7** 력　**8** 촌　**9** 한　**10** 명　**11** 성　**12** 명

게임으로 쏙쏙

140쪽　　141쪽

100점 만점에 100점

142~143쪽

1 (1) - ㄱ (2) - ㄹ (3) - ㄷ (4) - ㄴ　**2** (1) 한자 (2) 농촌 (3) 명물 (4) 인기　**3** (1) 매양, 일 (2) 아닐, 움직일 (3) 일만, 물건 (4) 한나라, 배울　**4** (1) ㄷ (2) ㄹ (3) ㄴ (4) ㄱ　**5** (1) ㄴ (2) ㄱ (3) ㄷ (4) ㄹ　**6** (1) ㄹ (2) ㄷ (3) ㄴ (4) ㄱ　**7** (1) 每日 (2) 有力 (3) 空氣 (4) 不安

기출 유사 문제

1회
158~159쪽

(1) 일색 (2) 구어 (3) 인명 (4) 입주 (5) 수학 (6) 후방 (7) 농공 (8) 해군 (9) 주식 (10) 초목 (11) 공부 (12) 토목 (13) 출력 (14) 세간 (15) 휴일 (16) 외래 (17) 화산 (18) 방면 (19) 연로 (20) 전차 (21) 안주 (22) 동명 (23) 생육 (24) 학력 (25) 일방 (26) 천도 (27) 변소 (28) 만일 (29) 시장 (30) 외지 (31) 가장 (32) 군가 (33) 안 내 (34) 여덟 팔 (35) 아래 하 (36) 윗 상 (37) 마디 촌 (38) 강 강 (39) 셈 산 (40) 학교 교 (41) 힘 력 (42) 수풀 림 (43) 마음 심 (44) 들 입 (45) 나라 국 (46) 주인 주 (47) 지아비 부 (48) 기 기 (49) 평평할 평 (50) 농사 농 (51) 바깥 외 (52) 온전 전 (53) ① (54) ④ (55) ⑨ (56) ③ (57) ⑦ (58) ⑩ (59) ② (60) ⑧ (61) ⑥ (62) ⑤ (63) ④ (64) ① (65) ② (66) ③ (67) 사람이 처한 사정이나 형편. (68) 열 가운데 여덟이나 아홉. (69) ③ (70) ⑧

2회
160~161쪽

(1) 기력 (2) 동서 (3) 전력 (4) 전기 (5) 전면 (6) 동일 (7) 청기 (8) 전방 (9) 내일 (10) 산수 (11) 동시 (12) 산림 (13) 천국 (14) 제자 (15) 공간 (16) 등산 (17) 수면 (18) 오전 (19) 유부녀 (20) 상공 (21) 명명 (22) 어학 (23) 교생 (24) 일출 (25) 어문 (26) 동자 (27) 부족 (28) 역부족 (29) 지면 (30) 도장 (31) 평지 (32) 촌수 (33) 낯 면 (34) 노래 가 (35) 아비 부 (36) 효도 효 (37) 인간 세 (38) 사내 남 (39) 임금 왕 (40) 배울 학 (41) 바를 정 (42) 목숨 명 (43) 그럴 연 (44) 무거울 중 (45) 날 일 (46) 일 사 (47) 어미 모 (48) 올 래 (49) 왼 좌 (50) 스스로 자 (51) 할아비 조 (52) 셈 수 (53) ③ (54) ② (55) ② (56) ④ (57) ① (58) ③ (59) ⑧ (60) ⑤ (61) ⑥ (62) ⑨ (63) ⑩ (64) ⑦ (65) ① (66) ④ (67) 남쪽과 북쪽. (68) 다음 세대. (69) ③ (70) ④

적중 예상 문제

제1회
162~163쪽

(1) 직면 (2) 공사 (3) 여왕 (4) 선수 (5) 인물 (6) 인편 (7) 한식 (8) 인력 (9) 시공 (10) 공학 (11) 공장 (12) 시립 (13) 외출 (14) 하수 (15) 한국 (16) 문중 (17) 출시 (18) 등교 (19) 한지 (20) 팔자 (21) 학교 (22) 면색 (23) 답지 (24) 생식 (25) 정답 (26) 매월 (27) 국군 (28) 장외 (29) 동력 (30) 민심 (31) 명문 (32) 화목 (33) 빌 공 (34) 아홉 구 (35) 여덟 팔 (36) 매양 매 (37) 밥·먹을 식 (38) 한국·나라 한 (39) 한수·한나라 한 (40) 살 주 (41) 문 문 (42) 군사 군 (43) 나무 목 (44) 일천 천 (45) 적을 소 (46) 움직일 동 (47) 하늘 천 (48) 석 삼 (49) 배울 학 (50) 기를 육 (51) 오른 우 (52) 쉴 휴 (53) ② (54) ④ (55) ⑦ (56) ③ (57) ② (58) ① (59) ④ (60) ⑧ (61) ⑥ (62) ⑨ (63) ⑩ (64) ⑤ (65) ① (66) ③ (67) 같은 학교나 선생님에게 배운 사이. (68) 농사를 짓는 집안. (69) ④ (70) ④

제2회
164~165쪽

(1) 중립 (2) 천기 (3) 노소 (4) 농토 (5) 문하 (6) 대기 (7) 백화 (8) 기명 (9) 동문 (10) 자정 (11) 농가 (12) 화기 (13) 산간 (14) 국왕 (15) 기수 (16) 생명 (17) 장자 (18) 외식 (19) 월식 (20) 화력 (21) 실장 (22) 불로 (23) 전문 (24) 문물 (25) 민가 (26) 소변 (27) 중심 (28) 동해 (29) 해외

모범 답안 181

(30) 십장생 (31) 여자 (32) 자제 (33) 저녁 석
(34) 마을 리 (35) 꽃 화 (36) 해 년 (37) 때 시
(38) 장인 공 (39) 늙을 로 (40) 일만 만 (41) 마당 장
(42) 성 성 (43) 길 도 (44) 물 수 (45) 아닐 불·부
(46) 한 일 (47) 종이 지 (48) 계집 녀 (49) 바 소
(50) 형 형 (51) 바다 해 (52) 빛 색 (53) ② (54) ③
(55) ⑥ (56) ⑧ (57) ② (58) ① (59) ⑦ (60) ⑤
(61) ③ (62) ⑨ (63) ④ (64) ⑩ (65) ② (66) ①
(67) 몸을 움직여 나섬. (68) 흰 빛깔의 깃발. (69) ⑥
(70) ⑤

제3회
166~167쪽

(1) 대국 (2) 교가 (3) 소심 (4) 학생 (5) 공중
(6) 정면 (7) 출소 (8) 가전 (9) 정색 (10) 대학
(11) 목수 (12) 생후 (13) 노인 (14) 출장 (15) 주상
(16) 차주 (17) 중소 (18) 일동 (19) 실내 (20) 자답
(21) 민간 (22) 매시 (23) 수하 (24) 직답 (25) 수화
(26) 수년 (27) 중국 (28) 입산 (29) 오촌 (30) 사면
(31) 이팔 (32) 춘삼월 (33) 사람 인 (34) 설 립
(35) 가운데 중 (36) 물건 물 (37) 앞 전 (38) 저자 시
(39) 물을 문 (40) 아래 하 (41) 가르칠 교 (42) 불 화
(43) 날 출 (44) 마을 촌 (45) 심을 식 (46) 사내 남
(47) 바깥 외 (48) 해 년 (49) 쉴 휴 (50) 빌 공
(51) 마디 촌 (52) 내 천 (53) ④ (54) ① (55) ②
(56) ⑩ (57) ⑦ (58) ③ (59) ⑨ (60) ⑥ (61) ①
(62) ⑧ (63) ④ (64) ⑤ (65) ② (66) ③ (67) 활동하며 살아감. (68) 도시의 안. 또는 시의 구역 안.
(69) ⑤ (70) ④

제4회
168~169쪽

(1) 한방 (2) 명산 (3) 수공 (4) 만리 (5) 효도 (6) 전동
(7) 왕가 (8) 생화 (9) 인간 (10) 국력 (11) 자동
(12) 명문 (13) 일국 (14) 자중 (15) 학부모 (16) 토지
(17) 부자 (18) 가수 (19) 연간 (20) 국가 (21) 산수
(22) 전국 (23) 후년 (24) 불효 (25) 상공
(26) 전화 (27) 간식 (28) 명가 (29) 입추 (30) 오색
(31) 공중 (32) 삼천리 (33) 모방 (34) 편할 편 /똥오줌 변 (35) 오른 우 (36) 일만 만 (37) 사이 간
(38) 수풀 림 (39) 빛 색 (40) 매양 매 (41) 겨울 동
(42) 온전 전 (43) 인간 세 (44) 셈 수 (45) 강 강
(46) 기를 육 (47) 설 립 (48) 바를 정 (49) 대답 답
(50) 마디 촌 (51) 서녘 서 (52) 꽃 화 (53) ①
(54) ④ (55) ① (56) ⑩ (57) ⑥ (58) ⑨ (59) ⑦
(60) ⑧ (61) ⑤ (62) ④ (63) ③ (64) ② (65) ③
(66) ④ (67) 음력으로 한 해의 첫째 달. (68) 농사 짓는 데 쓰는 땅. (69) ⑦ (70) ⑥

제5회
170~171쪽

(1) 춘추 (2) 농장 (3) 장남 (4) 문학 (5) 교외
(6) 연하 (7) 수동 (8) 삼한 (9) 십리 (10) 세자
(11) 청춘 (12) 동방 (13) 중세 (14) 매사 (15) 만인
(16) 국기 (17) 주력 (18) 삼중 (19) 평일 (20) 선후
(21) 수력 (22) 정자 (23) 출생 (24) 모국 (25) 자녀
(26) 초지 (27) 명소 (28) 백지 (29) 대인 (30) 중력
(31) 불안 (32) 시간 (33) 있을 유 (34) 바다 해
(35) 할아비 조 (36) 효도 효 (37) 살 주 (38) 넉 사
(39) 오를 등 (40) 열 십 (41) 평평할 평 (42) 달 월
(43) 저녁 석 (44) 글월 문 (45) 물건 물 (46) 힘 력
(47) 한수·한나라 한 (48) 무거울 중 (49) 마당 장
(50) 다섯 오 (51) 때 시 (52) 메 산 (53) ③
(54) ④ (55) ② (56) ⑧ (57) ⑤ (58) ⑩ (59) ⑦
(60) ⑨ (61) ④ (62) ① (63) ③ (64) ⑥ (65) ④
(66) ③ (67) 학교를 상징하는 깃발. (68) 국력이 강하거나 국토가 넓은 나라. (69) ⑤ (70) ②

제6회 (172~173쪽)

(1) 농민 (2) 청년 (3) 소중 (4) 장소 (5) 시사 (6) 대가 (7) 국명 (8) 전문 (9) 연간 (10) 후문 (11) 일월 (12) 교육 (13) 추색 (14) 기사 (15) 매일 (16) 안심 (17) 문인 (18) 초가 (19) 동구 (20) 입실 (21) 소인 (22) 남방 (23) 문어 (24) 삼칠일 (25) 후식 (26) 생색 (27) 기입 (28) 자활 (29) 평생 (30) 매년 (31) 출입 (32) 실외 (33) 나라 국 (34) 일백 백 (35) 땅 지 (36) 기 기 (37) 성 성 (38) 석 삼 (39) 수레 거·차 (40) 군사 군 (41) 스스로 자 (42) 수풀 림 (43) 기운 기 (44) 발 족 (45) 이름 명 (46) 계집 녀 (47) 두 이 (48) 앞 전 (49) 큰 대 (50) 먼저 선 (51) 나무 목 (52) 곧을 직 (53) ② (54) ③ (55) ① (56) ⑦ (57) ⑥ (58) ③ (59) ⑧ (60) ⑩ (61) ④ (62) ⑤ (63) ⑨ (64) ② (65) ③ (66) ④ (67) 종교를 믿는 사람. (68) 질문의 의도에 꼭 맞게 잘한 대답. (69) ⑦ (70) ⑧

제7회 (174~175쪽)

(1) 소녀 (2) 청군 (3) 왕도 (4) 자생 (5) 청색 (6) 일년 (7) 수십 (8) 불편 (9) 매일 (10) 강북 (11) 전연 (12) 전교 (13) 도인 (14) 식목 (15) 남도 (16) 소년 (17) 외가 (18) 자문 (19) 내면 (20) 모교 (21) 방편 (22) 해초 (23) 농사 (24) 인구 (25) 하교 (26) 좌우 (27) 평방 (28) 자백 (29) 인력거 (30) 동내 (31) 천지 (32) 형부 (33) 풀 초 (34) 하늘 천 (35) 백성 민 (36) 어미 모 (37) 흙 토 (38) 한 일 (39) 날 일 (40) 일천 천 (41) 마음 심 (42) 아래 하 (43) 말씀 어 (44) 낯 면 (45) 지아비 부 (46) 올 래 (47) 집 가 (48) 아닐 불·부 (49) 윗 상 (50) 주인 주 (51) 적을 소 (52) 노래 가 (53) ④ (54) ② (55) ④ (56) ② (57) ① (58) ⑤ (59) ⑩ (60) ⑧ (61) ⑨ (62) ⑦ (63) ③ (64) ⑥ (65) ① (66) ④ (67) 사람이 살고 있는 곳. (68) 아우나 손아랫사람. (69) ⑦ (70) ⑥

漢字能力檢定試驗 7級 豫想問題

제1회

[1] 평지 [2] 노모 [3] 칠석 [4] 농사 [5] 백기 [6] 유명 [7] 산천 [8] 식물 [9] 활동 [10] 내년 [11] 소수 [12] 육촌 [13] 공부 [14] 입동 [15] 불효 [16] 조부 [17] 직후 [18] 서해 [19] 교문 [20] 사전 [21] 화초 [22] 주민 [23] 출세 [24] 일기 [25] 입금 [26] 교실 [27] 청춘 [28] 정월 [29] 토목 [30] 읍내 [31] 시외 [32] 좌우 [33] 골 동 [34] 기 기 [35] 한가지 동 [36] 농사 농 [37] 살 주 [38] 남녘 남 [39] 가을 추 [40] 윗 상 [41] 두 이 [42] 긴 장 [43] 밥·먹을 식 [44] 올 래 [45] 동녘 동 [46] 일만 만 [47] 낯 면 [48] 성 성 [49] 사내 남 [50] 스스로 자 [51] 일백 백 [52] 입 구 [53] ③ [54] ④ [55] ⑧ [56] ④ [57] ⑩ [58] ③ [59] ① [60] ② [61] ⑨ [62] ⑦ [63] ⑥ [64] ⑤ [65] ④ [66] ② [67] 나라를 상징하는 노래. [68] 똥오줌을 보도록 만들어 놓은 곳. [69] ③ [70] ⑧

제2회

[1] 가수 [2] 주인 [3] 명색 [4] 방면 [5] 산림 [6] 편안 [7] 추석 [8] 부족 [9] 십리 [10] 군사 [11] 전국 [12] 교육 [13] 소년 [14] 교기 [15] 백지 [16] 문전 [17] 구어 [18] 선후 [19] 외가 [20] 촌장 [21] 활기 [22] 팔도 [23] 왕자 [24] 중세 [25] 장소 [26] 매일 [27] 정오 [28] 수학 [29] 내한 [30] 생식 [31] 하직 [32] 화력 [33] 날 일 [34] 배울 학 [35] 여름 하 [36] 봄 춘 [37] 어미 모 [38] 장인 공 [39] 내 천 [40] 꽃 화 [41] 안 내 [42] 한가지 동 [43] 집 실 [44] 목숨 명 [45] 서녘 서 [46] 대답 답 [47] 풀 초 [48] 있을 유 [49] 오를 등 [50] 기록할 기 [51] 고을 읍 [52] 지아비 부 [53] ① [54] ② [55] ⑥ [56] ⑩ [57] ⑨ [58] ⑧ [59] ⑦ [60] ② [61] ① [62] ④ [63] ⑤ [64] ③ [65] ① [66] ② [67] 두 겹. [68] 시, 소설 등을 쓰는 사람. [69] ⑤ [70] ⑦

7급 배정 한자 색인

ㄱ
家(가) 96
歌(가) 62
間(간) 74
江(강) 106
車(거) 95
工(공) 127
空(공) 116
校(교) 12
敎(교) 12
口(구) 35
九(구) 25
國(국) 14
軍(군) 124
金(금) 55
氣(기) 136
記(기) 65
旗(기) 95

ㄴ
南(남) 42
男(남) 125
內(내) 45
女(녀) 125
年(년) 74
農(농) 66

ㄷ
答(답) 15
大(대) 114
道(도) 86
同(동) 116
冬(동) 76
東(동) 42
洞(동) 87
動(동) 62
登(등) 62

ㄹ
來(래) 63
力(력) 135
老(로) 126
六(륙) 24
里(리) 87

林(림) 105
立(립) 63

ㅁ
萬(만) 26
每(매) 137
面(면) 87
名(명) 136
命(명) 137
母(모) 52
木(목) 55
文(문) 14
門(문) 96
問(문) 15
物(물) 134
民(민) 124

ㅂ
方(방) 115
白(백) 34
百(백) 26
父(부) 52
夫(부) 127
北(북) 43
不(불) 137

ㅅ
四(사) 23
事(사) 66
山(산) 106
算(산) 22
三(삼) 23
上(상) 44
色(색) 34
生(생) 13
西(서) 42
夕(석) 75
先(선) 13
姓(성) 135
世(세) 126
小(소) 114
少(소) 126
所(소) 97
水(수) 54

手(수) 35
數(수) 22
市(시) 86
時(시) 74
食(식) 63
植(식) 65
室(실) 96
心(심) 85
十(십) 25

ㅇ
安(안) 85
語(어) 15
然(연) 104
五(오) 24
午(오) 75
王(왕) 125
外(외) 45
右(우) 44
月(월) 54
有(유) 135
育(육) 13
邑(읍) 86
二(이) 23
人(인) 124
一(일) 22
日(일) 94
入(입) 64

ㅈ
自(자) 104
子(자) 53
字(자) 14
長(장) 114
場(장) 97
電(전) 104
全(전) 116
前(전) 43
正(정) 84
弟(제) 53
祖(조) 53
足(족) 35
左(좌) 44
主(주) 127

住(주) 97
中(중) 94
重(중) 115
紙(지) 95
地(지) 105
直(직) 84

ㅊ
川(천) 106
千(천) 26
天(천) 105
靑(청) 34
草(초) 107
寸(촌) 134
村(촌) 134
秋(추) 76
春(춘) 75
出(출) 64
七(칠) 24

ㅌ
土(토) 55

ㅍ
八(팔) 25
便(편) 84
平(평) 115

ㅎ
下(하) 45
夏(하) 76
學(학) 12
韓(한) 94
漢(한) 136
海(해) 107
兄(형) 52
火(화) 54
話(화) 66
花(화) 107
活(활) 65
孝(효) 85
後(후) 43
休(휴) 64

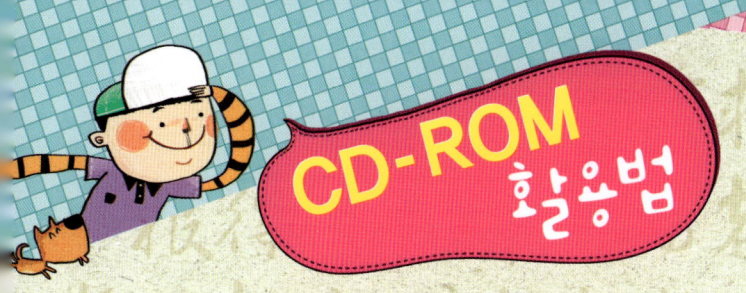

즐거운 노래와 신나는 게임으로 함께 공부하면~! 배정 한자가 내 머리에 쏙쏙~!

한자 송 ♪♬

Step 1 배정 한자를 주제별로 분류하여 노래를 만들었어요.

Step 2 해당 주제를 선택하세요.

Step 3 책에 제시된 한자들을 보면서 음악에 맞춰 따라 불러 보세요.

Step 4 반복해서 여러 번 따라 부르면 더욱 잘 외워진답니다.

한자 게임

1. 배정 한자를 활용하여 게임으로 만들었어요.
2. 해당 한자를 선택하여 게임 방법에 따라 익혀 보세요.
3. 책과 함께 공부하면 더욱 잘 외워진답니다.

NEW 자격증 한번에 따기

(사)한국어문회 주관
한국한자능력검정회 시행

한자능력검정시험

천재 NEW 자격증
한번에 따기

7급 (150字)

별책 부록
한자 쓰기 연습장

천재교육

한자의 필순

한자를 쓰는 데는 일반적인 규칙이 있어요.
붓을 한 번 움직여 쓸 수 있는 부분을 한 획이라고 하며,
획은 형태에 따라 점과 선으로, 선은 다시 직선과 곡선으로 구별해요.
필순 또는 획순이란 결국 이 점과 선을 쓰는 순서를 말해요.

필순의 일반적인 원칙은 다음과 같아요.

1 위에서 아래로 써요.
예) 一 二 三 (석 삼)

2 왼쪽에서 오른쪽으로 써요.
예) ノ 刂 川 (내 천)

3 가로획과 세로획이 만날 때에는 가로획을 먼저 써요.
예) 一 十 古 古 古 (예 고)

4 좌우 대칭일 때에는 가운데 획을 먼저 써요.
예) 亅 小 小 (작을 소)

5 몸을 먼저 써요.
예) 丨 冂 冂 同 冂 国 國 國 國 (나라 국)

6 글자 전체를 꿰뚫는 획은 나중에 써요.
예) 丶 口 口 中 (가운데 중)

7 삐침(ノ)과 파임(ㄟ)이 만날 때에는 삐침을 먼저 써요.
예) ノ 丷 夕 父 (아비 부)

8 오른쪽 위의 점은 맨 나중에 찍어요.
예) 一 ナ 大 犬 (개 견)

9 받침은 맨 나중에 써요.
예) ノ 厂 斤 斤 沂 近 近 近 (가까울 근)

쓰면서 다외우는 배통점 한자 7급

한자의 훈과 음은 수성펜으로 쓰고, 지우개로 지우개로 사용하세요.

1 家	2 歌	3 間	4 江	5 車	6 工	7 空	8 校	9 敎	10 口	11 九	12 國	13 軍	14 金	15 氣
16 記	17 旗	18 南	19 男	20 內	21 女	22 年	23 農	24 答	25 大	26 道	27 同	28 冬	29 東	30 洞
31 動	32 登	33 來	34 力	35 老	36 六	37 里	38 林	39 立	40 萬	41 每	42 面	43 名	44 命	45 母
46 木	47 文	48 門	49 問	50 物	51 民	52 方	53 白	54 百	55 父	56 夫	57 北	58 不	59 四	60 事
61 山	62 算	63 三	64 上	65 色	66 生	67 西	68 夕	69 先	70 姓	71 世	72 小	73 少	74 所	75 水
76 手	77 數	78 市	79 時	80 食	81 植	82 室	83 心	84 十	85 安	86 語	87 然	88 五	89 午	90 王
91 外	92 右	93 月	94 有	95 育	96 邑	97 二	98 人	99 一	100 日	101 入	102 自	103 子	104 字	105 長
106 場	107 電	108 全	109 前	110 正	111 弟	112 祖	113 足	114 左	115 主	116 住	117 中	118 重	119 紙	120 地
121 直	122 川	123 千	124 天	125 靑	126 草	127 寸	128 村	129 秋	130 春	131 出	132 七	133 土	134 八	135 便
136 平	137 下	138 夏	139 學	140 韓	141 漢	142 海	143 兄	144 火	145 話	146 花	147 活	148 孝	149 後	150 休

훈과 음에 해당하는 한자를 수성펜으로 쓰고, 지우개로 지우며 사용하세요.

#	훈음	#	훈음	#	훈음	#	훈음	#	훈음	#	훈음	#	훈음	#	훈음	#	훈음	#	훈음	#	훈음	#	훈음	#	훈음	#	훈음	#	훈음
1	집 가	2	노래 가	3	사이 간	4	강 강	5	수레 거·차	6	장인 공	7	빌 공	8	학교 교	9	가르칠 교	10	입 구	11	아홉 구	12	나라 국	13	군사 군	14	쇠금/성김	15	기운 기
16	기록할 기	17	기 기	18	남녘 남	19	사내 남	20	안 내	21	계집 녀	22	해 년	23	농사 농	24	대답 답	25	큰 대	26	길 도	27	한가지 동	28	겨울 동	29	동녘 동	30	골 동
31	움직일 동	32	오를 등	33	올 래	34	힘 력	35	늙을 로	36	여섯 륙	37	마을 리	38	수풀 림	39	설 립	40	일만 만	41	매양 매	42	낯 면	43	이름 명	44	목숨 명	45	어미 모
46	나무 목	47	글월 문	48	문 문	49	물을 문	50	물건 물	51	백성 민	52	모 방	53	흰 백	54	일백 백	55	아비 부	56	지아비 부	57	북녘 북	58	아닐 불·부	59	넉 사	60	일 사
61	메 산	62	셈 산	63	석 삼	64	윗 상	65	빛 색	66	날 생	67	서녘 서	68	저녁 석	69	먼저 선	70	성 성	71	인간 세	72	작을 소	73	적을 소	74	바 소	75	물 수
76	손 수	77	셈 수	78	저자 시	79	때 시	80	밥·먹을 식	81	심을 식	82	집 실	83	마음 심	84	열 십	85	편안 안	86	말씀 어	87	그럴 연	88	다섯 오	89	낮 오	90	임금 왕
91	바깥 외	92	오른 우	93	달 월	94	있을 유	95	기를 육	96	고을 읍	97	두 이	98	사람 인	99	한 일	100	날 일	101	들 입	102	스스로 자	103	아들 자	104	글자 자	105	긴 장
106	마당 장	107	번개 전	108	온전 전	109	앞 전	110	바를 정	111	아우 제	112	할아비 조	113	발 족	114	왼 좌	115	임금·주인 주	116	살 주	117	가운데 중	118	무거울 중	119	종이 지	120	땅 지
121	곧을 직	122	내 천	123	일천 천	124	하늘 천	125	푸를 청	126	풀 초	127	마디 촌	128	마을 촌	129	가을 추	130	봄 춘	131	날 출	132	일곱 칠	133	흙 토	134	여덟 팔	135	편할편/똥오줌변
136	평평할 평	137	아래 하	138	여름 하	139	배울 학	140	한국·나라 한	141	한수·한나라 한	142	바다 해	143	형 형	144	불 화	145	말씀 화	146	꽃 화	147	살 활	148	효도 효	149	뒤 후	150	쉴 휴

한자 능력검정시험
NEW 자격증
한번에 따기

7급
(150字)

별책 부록
한자 쓰기
연습장

'배움'과 관계있는 한자

001 學 (배울 학)

`` ` ″ ⺍ ⺍⺍ ⺍⺍ 閄 閄 學 學 `` 子부, 총 16획

學	學					
배울 학						
學	年			入	學	
배울 학	해 년	학	년	들 입	배울 학	입 학

002 校 (학교 교)

`一 十 オ 木 木 杧 朽 村 校 校` 木부, 총 10획

校	校					
학교 교						
校	歌			母	校	
학교 교	노래 가	교	가	어미 모	학교 교	모 교

003 教 (가르칠 교)

`ノ メ ㄨ 耂 孝 孝 孝 孝 敎 敎` 攴(攵)부, 총 11획

敎	敎					
가르칠 교						
敎	生			敎	室	
가르칠 교	날 생	교	생	가르칠 교	집 실	교 실

004 育 (기를 육)

`` ` 亠 云 云 产 育 育 育 `` 肉(月)부, 총 8획

育	育					
기를 육						
敎	育			生	育	
가르칠 교	기를 육	교	육	날 생	기를 육	생 육

005 先 (먼저 선)
丿 ㅗ 牛 生 失 先 — 儿부, 총 6획

先	先				先	天	
먼저 선							
先	金				先	天	
먼저 선	쇠 금	선	금	먼저 선	하늘 천	선	천

006 生 (날 생)
丿 ㅗ 一 牛 生 — 生부, 총 5획

生	生						
날 생							
生	長			自	生		
날 생	긴 장	생	장	스스로 자	날 생	자	생

007 文 (글월 문)
丶 一 ナ 文 — 文부, 총 4획

文	文						
글월 문							
文	人			天	文		
글월 문	사람 인	문	인	하늘 천	글월 문	천	문

008 字 (글자 자)
丶 ㆍ 宀 宀 字 字 — 子부, 총 6획

字	字						
글자 자							
字	間			正	字		
글자 자	사이 간	자	간	바를 정	글자 자	정	자

'배움'과 관계있는 한자 03

'배움'과 관계있는 한자

본문 12~15쪽

009 國 (나라 국) — 口부, 총 11획
ㅣ ㄇ ㄇ 冂 冋 同 同 囻 國 國 國

國	國				
나라 국	나라 국				
國	文			全	國
나라 국	글월 문	국	문	온전 전	나라 국	전	국

010 語 (말씀 어) — 言부, 총 14획
ㅡ ㅗ ㅛ 言 言 訂 訐 話 語 語

語	語
말씀 어	
語	氣			文	語
말씀 어	기운 기	어	기	글월 문	말씀 어	문	어

011 問 (물을 문) — 口부, 총 11획
ㅣ ㄇ ㄇ ㄣ 严 門 門 門 問 問

問	問
물을 문	
問	答			不	問
물을 문	대답 답	문	답	아닐 불	물을 문	불	문

012 答 (대답 답) — 竹(⺮)부, 총 12획
ノ ⺮ ⺮ 竺 竺 㗊 筌 㗊 答 答

答	答
대답 답	
答	紙			自	答
대답 답	종이 지	답	지	스스로 자	대답 답	자	답

'숫자'와 관계있는 한자

013 算 셈산
竹(⺮)부, 총 14획

筆順: ⺮ ⺮⺮ ⺮ ⺮ ⺮ 筲 筲 箅 算 算

算	出		電	算
셈 산	날 출	산 출	번개 전	셈 산	전	산

算出, 電算

014 數 셈수
支(攵)부, 총 15획

筆順: 口 吅 吅 吕 曽 婁 婁 數 數 數

數	日		數	學
셈 수	날 일	수 일	셈 수	배울 학	수 학

數日, 數學

015 一 한일
一부, 총 1획

筆順: 一

一	方		一	日
한 일	모 방	일 방	한 일	날 일	일	일

一方, 一日

016 二 두이
二부, 총 2획

筆順: 一 二

二	月		二	重
두 이	달 월	이 월	두 이	무거울 중	이 중

二月, 二重

'숫자'와 관계있는 한자

017 三 (석 삼)
一 二 三 — 一부, 총 3획

三	三		三		
석 삼	석 삼		석 삼		

三面		三寸	
석 삼	낯 면	삼 면	석 삼	마디 촌	삼 촌

018 四 (넉 사)
丨 冂 叮 四 四 — 口부, 총 5획

| 四 | 四 |
| 넉 사 | 넉 사 |

| 四日 | | 四方 | |
| 넉 사 | 날 일 | 사 일 | 넉 사 | 모 방 | 사 방 |

019 五 (다섯 오)
一 丅 五 五 — 二부, 총 4획

| 五 | 五 |
| 다섯 오 | 다섯 오 |

| 五月 | | 五色 | |
| 다섯 오 | 달 월 | 오 월 | 다섯 오 | 빛 색 | 오 색 |

020 六 (여섯 륙)
丶 亠 宀 六 — 八부, 총 4획

| 六 | 六 |
| 여섯 륙 | 여섯 륙 |

| 六年 | | 六寸 | |
| 여섯 륙 | 해 년 | 육 년 | 여섯 륙 | 마디 촌 | 육 촌 |

021 七
一 七
一부, 총 2획
일곱 **칠**

七	夕		七	千	
일곱 **칠**	저녁 **석**	**칠** **석**	일곱 **칠**	일천 **천**	**칠** **천**

022 八
ノ 八
八부, 총 2획
여덟 **팔**

八	道		八	方	
여덟 **팔**	길 **도**	**팔** **도**	여덟 **팔**	모 **방**	**팔** **방**

023 九
ノ 九
乙부, 총 2획
아홉 **구**

九	萬		九	日	
아홉 **구**	일만 **만**	**구** **만**	아홉 **구**	날 **일**	**구** **일**

024 十
一 十
十부, 총 2획
열 **십**

十	里		十	字	
열 **십**	마을 **리**	**십** **리**	열 **십**	글자 **자**	**십** **자**

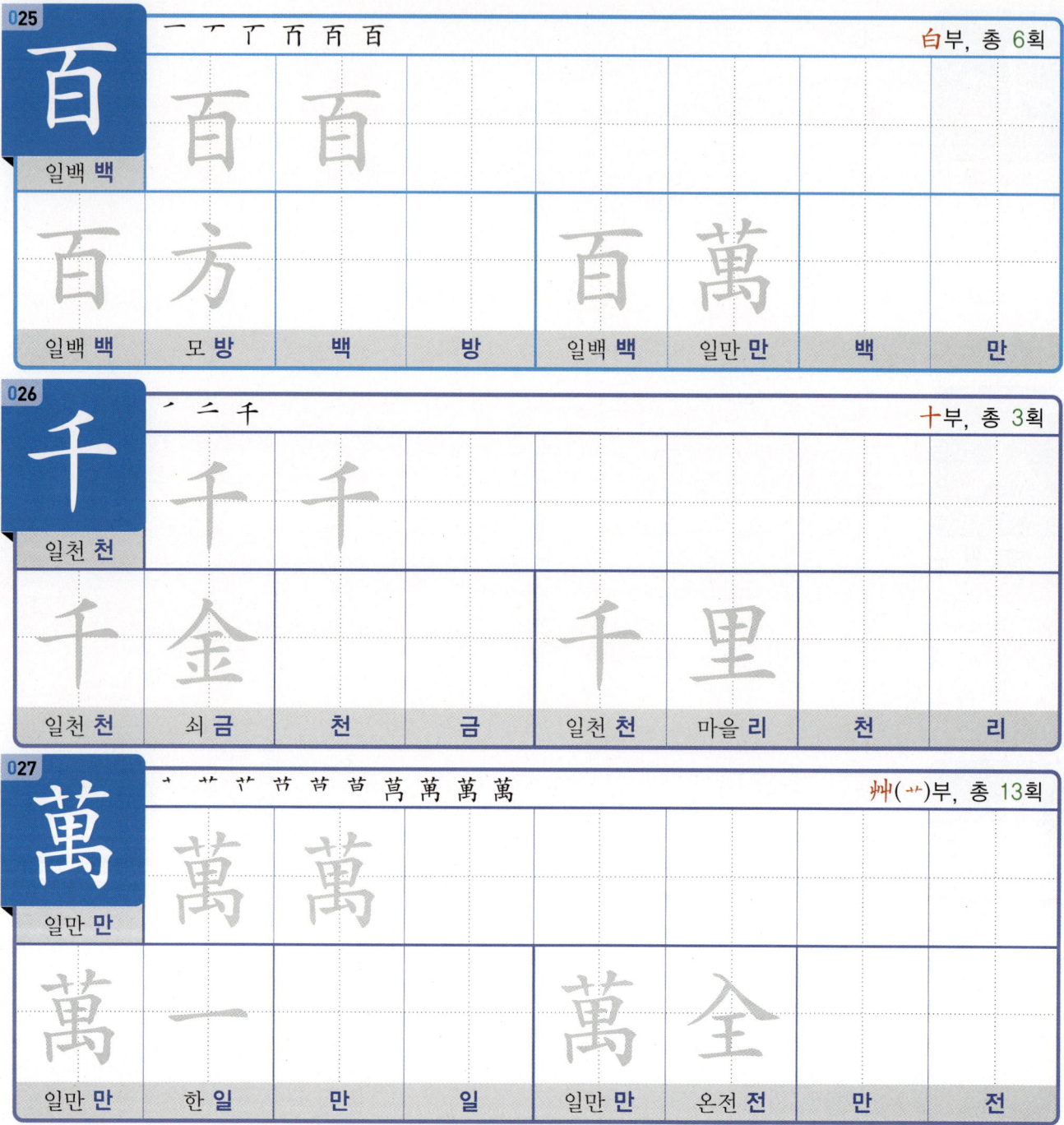

'색·신체'와 관계있는 한자

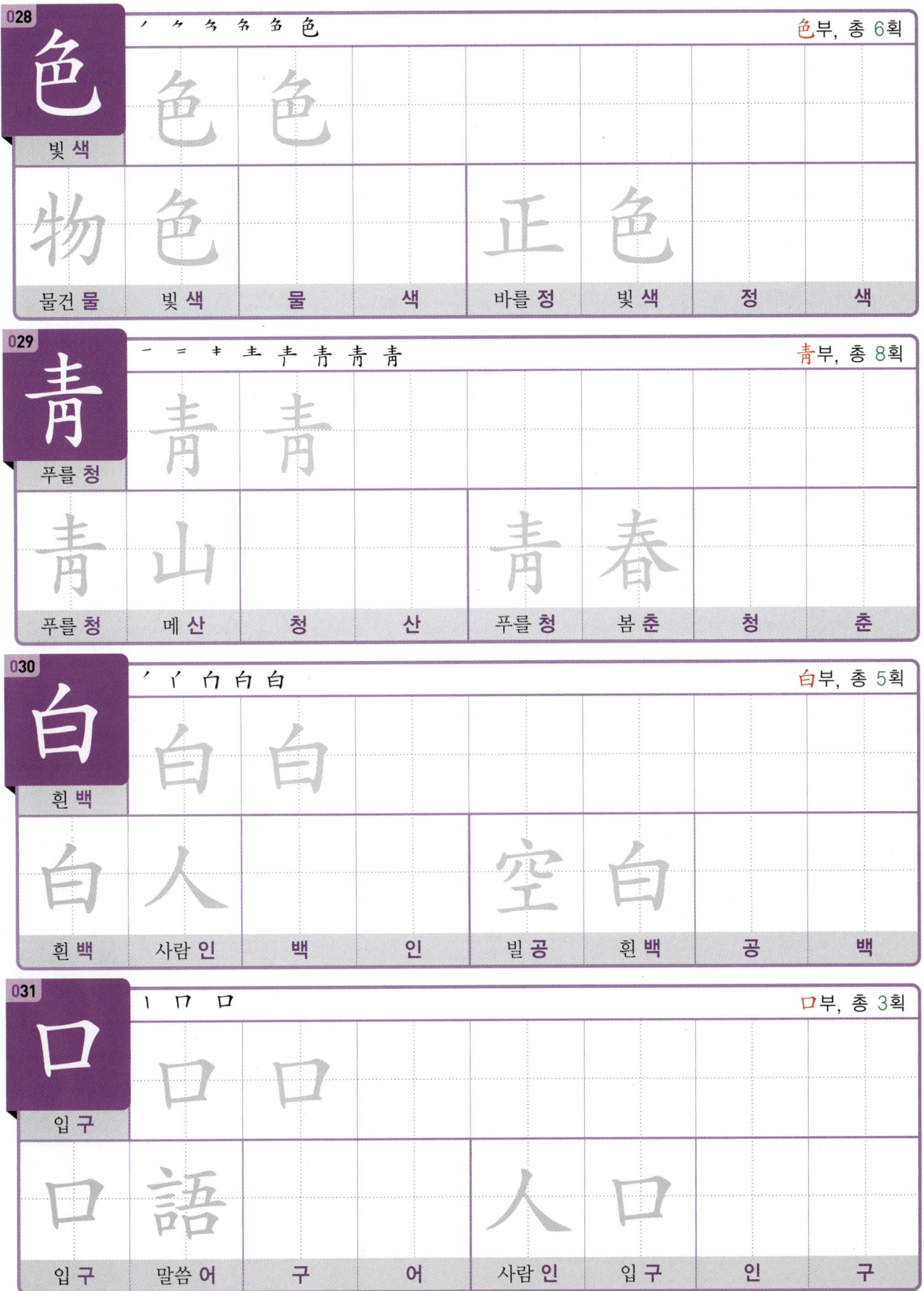

'색·신체'와 관계있는 한자

| 본문 34~35쪽 |

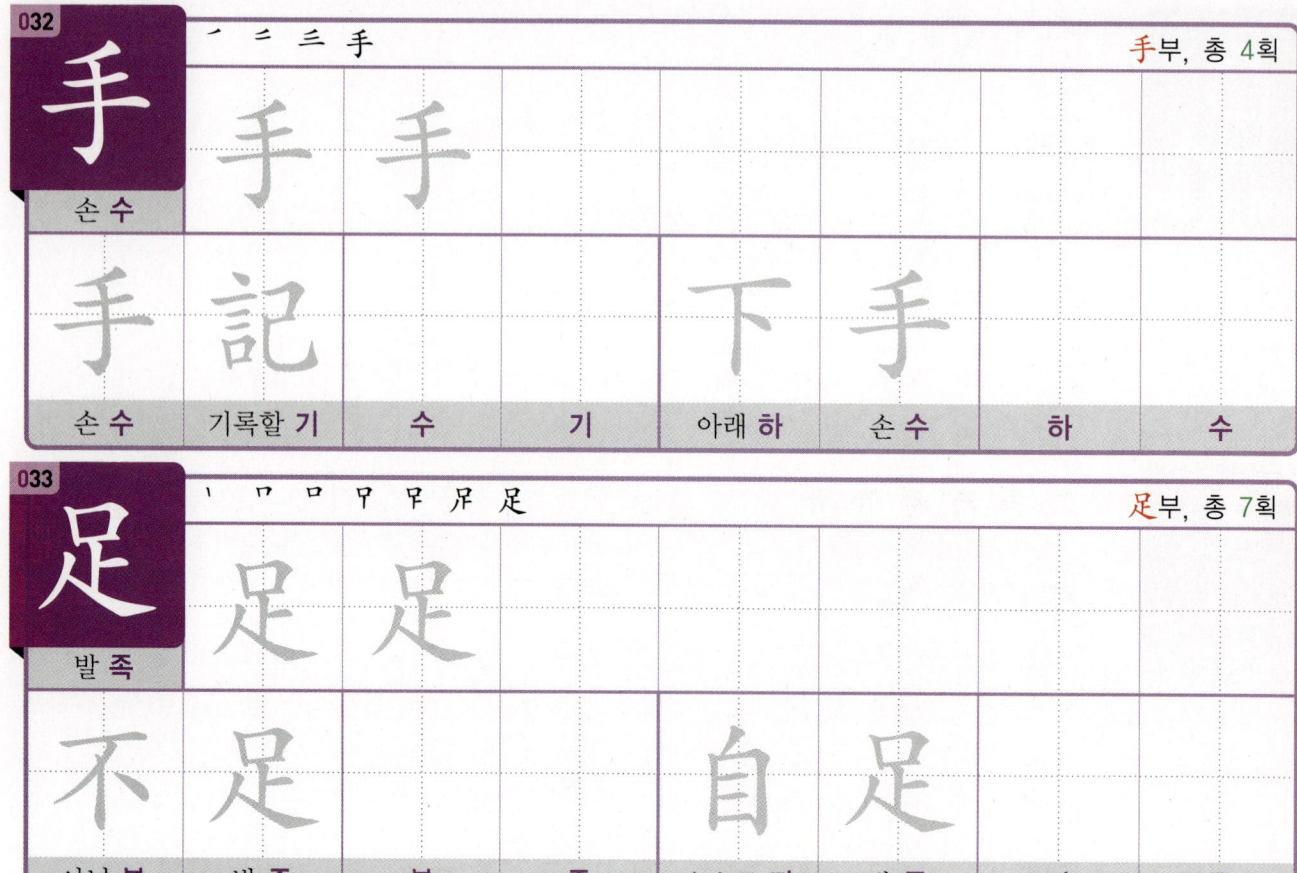

'방향·위치'와 관계있는 한자

034 東 (동녘 동)
一 厂 厂 戸 百 亘 東 東 — 木부, 총 8획

東	山		東	海	
동녘 동	메 산	동 산	동녘 동	바다 해	동 해

035 西 (서녘 서)
一 厂 厂 丙 西 西 — 西부, 총 6획

西	方		東	西	
서녘 서	모 방	서 방	동녘 동	서녘 서	동 서

036 南 (남녘 남)
一 十 十 冇 冇 内 内 南 南 — 十부, 총 9획

南	國		南	韓	
남녘 남	나라 국	남 국	남녘 남	한국 한	남 한

037 北 (북녘 북)
丨 ㅏ ㅓ ㅓ 北 — 匕부, 총 5획

北	上		南	北	
북녘 북	윗 상	북 상	남녘 남	북녘 북	남 북

'방향·위치'와 관계있는 한자

038 前 앞 전
`、丷丷宀宀前前前前` ㅣ(刀)부, 총 9획

前生 (앞 전, 날 생)
事前 (일 사, 앞 전)

039 後 뒤 후
`丿ㄔ彳彳彳伊伊後後` 彳부, 총 9획

後記 (뒤 후, 기록할 기)
午後 (낮 오, 뒤 후)

040 左 왼 좌
`一ナ𠂇左左` 工부, 총 5획

左手 (왼 좌, 손 수)
左方 (왼 좌, 모 방)

041 右 오른 우
`丿ナ𠂇右右` 口부, 총 5획

右方 (오른 우, 모 방)
左右 (왼 좌, 오른 우)

'가족・요일'과 관계있는 한자

046 父 아비 부
ノ ハ グ 父 — 父부, 총 4획

父	子			祖	父		
아비 부	아들 자	부	자	할아비 조	아비 부	조	부

047 母 어미 모
ㄴ ㄉ ㄌ 母 母 — 母부, 총 5획

母	國			老	母		
어미 모	나라 국	모	국	늙을 로	어미 모	노	모

048 兄 형 형
ㅣ ㅁ ㅁ 尸 兄 — 儿부, 총 5획

兄	弟			兄	夫		
형 형	아우 제	형	제	형 형	지아비 부	형	부

049 弟 아우 제
ㆍ ㆍ ㅛ ㅛ 马 弟 弟 — 弓부, 총 7획

弟	子			子	弟		
아우 제	아들 자	제	자	아들 자	아우 제	자	제

050 祖 할아비 조
一 ㄒ ㅜ 亓 乑 和 相 和 祖 祖 示부, 총 10획

祖	祖				
할아비 조					

祖	上		先	祖	
할아비 조	윗 상	조	상	먼저 선	할아비 조	선	조

051 子 아들 자
ㄱ 了 子 子부, 총 3획

子	子				

| 子 | 女 | | 長 | 子 | |
| 아들 자 | 계집 녀 | 자 | 녀 | 긴 장 | 아들 자 | 장 | 자 |

052 月 달 월
丿 几 月 月 月부, 총 4획

| 月 | 月 | | | | |

| 月 | 間 | | 正 | 月 | |
| 달 월 | 사이 간 | 월 | 간 | 바를 정 | 달 월 | 정 | 월 |

053 火 불 화
丶 丷 少 火 火부, 총 4획

| 火 | 火 | | | | |

| 火 | 氣 | | 火 | 力 | |
| 불 화 | 기운 기 | 화 | 기 | 불 화 | 힘 력 | 화 | 력 |

'가족 · 요일' 과 관계있는 한자

'사람 활동'과 관계있는 한자

058 歌 (노래 가) — 一 一 一 一 一 一 可 哥 哥 哥 歌 歌 歌 — 欠부, 총 14획

歌	手			軍	歌	
노래 가	손 수	가	수	군사 군	노래 가	군	가

059 動 (움직일 동) — 一 一 一 一 一 一 重 重 動 動 — 力부, 총 11획

動	力			動	物	
움직일 동	힘 력	동	력	움직일 동	물건 물	동	물

060 登 (오를 등) — 一 一 一 一 一 一 一 登 登 登 — 癶부, 총 12획

登	校			登	場	
오를 등	학교 교	등	교	오를 등	마당 장	등	장

061 來 (올 래) — 一 一 一 一 一 來 來 來 — 人부, 총 8획

來	日			外	來	
올 래	날 일	내	일	바깥 외	올 래	외	래

'사람 활동'과 관계있는 한자

062 立 설립 — 立부, 총 5획
`丶 亠 广 立`
立 立
國立 / 中立
나라 국 · 설 립 · 국 립 · 가운데 중 · 설 립 · 중 립

063 食 밥·먹을 식 — 食부, 총 9획
`丿 𠆢 亽 今 今 食 食 食 食`
食 食
食事 / 間食
밥·먹을 식 · 일 사 · 식 사 · 사이 간 · 밥·먹을 식 · 간 식

064 入 들 입 — 入부, 총 2획
`丿 入`
入 入
入手 / 記入
들 입 · 손 수 · 입 수 · 기록할 기 · 들 입 · 기 입

065 出 날 출 — 凵부, 총 5획
`丨 屮 屮 出 出`
出 出
出國 / 外出
날 출 · 나라 국 · 출 국 · 바깥 외 · 날 출 · 외 출

066 休 쉴 휴

丿 亻 仁 仕 仕 休 — 人(亻)부, 총 6획

休 休

休 校			休 日		
쉴 휴	학교 교	휴	교	쉴 휴	날 일	휴	일

067 植 심을 식

一 十 木 木 朼 朼 枯 楂 植 植 — 木부, 총 12획

植 植

植 木			植 物		
심을 식	나무 목	식	목	심을 식	물건 물	식	물

068 記 기록할 기

丶 亠 言 言 記 記 記 — 言부, 총 10획

記 記

記 名			日 記		
기록할 기	이름 명	기	명	날 일	기록할 기	일	기

069 活 살 활

丶 丶 氵 氵 汘 汘 汗 活 活 — 水(氵)부, 총 9획

活 活

活 動			生 活		
살 활	움직일 동	활	동	날 생	살 활	생	활

'사람 활동'과 관계있는 한자 **19**

'사람 활동'과 관계있는 한자

|본문 62~66쪽|

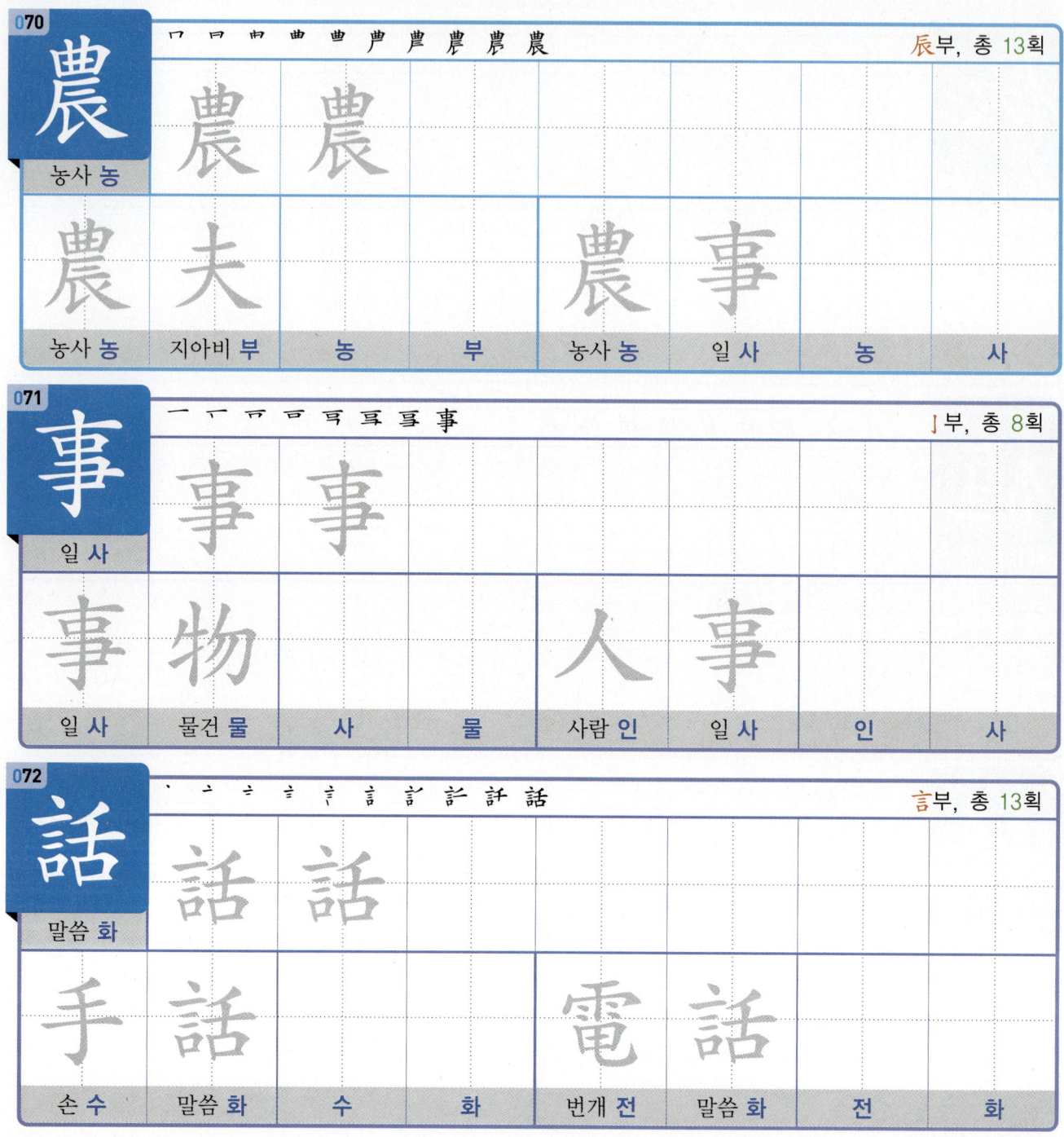

'시간'과 관계있는 한자

073 時 (때 시)
丨 冂 冃 日 日⁻ 日+ 旷 旷 時 時   日부, 총 10획

時	時				
時事			不時		
때시	일사	시	사	아닐불	때시	불	시

074 間 (사이 간)
丨 冂 冂 門 門 門 門 問 問 間   門부, 총 12획

間	間				
世間			中間		
인간세	사이간	세	간	가운데중	사이간	중	간

075 年 (해 년)
丿 ⺊ 一 ⺇ 드 年   干부, 총 6획

年	年				
年間			來年		
해년	사이간	연	간	올래	해년	내	년

076 午 (낮 오)
丿 ⺊ 一 午   十부, 총 4획

| 午 | 午 | 午前 | 正午 |
| 낮오 | | | |

077 夕 (저녁 석)
丿 ⺈ 夕   夕부, 총 3획

| 夕 | 夕 | 秋夕 | 七夕 |
| 저녁석 | | | |

'사람 성격·행정 구역'과 관계있는 한자

082 正 바를 정 — 一 丁 丁 正 正 — 止부, 총 5획

正	正
바를 정	바를 정

正	中			子	正		
바를 정	가운데 중	정	중	아들 자	바를 정	자	정

083 直 곧을 직 — 一 十 十 古 古 古 直 直 — 目부, 총 8획

直	直
곧을 직	곧을 직

直	面			下	直		
곧을 직	얼굴 면	직	면	아래 하	곧을 직	하	직

084 便 편할 편/똥오줌 변 — 丿 亻 亻 亻 佰 佰 伊 便 便 — 人(亻)부, 총 9획

便	便
편할 편	편할 편

便	安			人	便		
편할 편	편안 안	편	안	사람 인	편할 편	인	편

085 安 편안 안 — 丶 宀 宀 宀 安 安 — 宀부, 총 6획

安	安
편안 안	편안 안

安	全			問	安		
편안 안	온전 전	안	전	들을 문	편안 안	문	안

'사람 성격 · 행정 구역'과 관계있는 한자

086 孝 효도 효 — 子부, 총 7획
` 一 十 土 耂 耂 孝 孝 `

孝	孝				不	孝	
효도 효							

孝	道			不	孝		
효도 효	길 도	효	도	아닐 불	효도 효	불	효

087 心 마음 심 — 心부, 총 4획
` ノ 心 心 心 `

心	心						

小	心			人	心		
작을 소	마음 심	소	심	사람 인	마음 심	인	심

088 道 길 도 — 辵(辶)부, 총 13획
` 丷 丷 䒑 首 首 首 道 道 道 `

道	道						

道	人			市	道		
길 도	사람 인	도	인	저자 시	길 도	시	도

089 市 저자 시 — 巾부, 총 5획
` 丶 亠 宀 市 市 `

市	市						

市	民			出	市		
저자 시	백성 민	시	민	날 출	저자 시	출	시

'나라·사물·집'과 관계있는 한자

094 韓 한국·나라 한
韋부, 총 17획

十 古 卓 卓 乾 乾 韓 韓 韓

韓	韓

韓	食			北	韓		
한국 한	먹을 식	한	식	북녘 북	한국 한	북	한

095 中 가운데 중
丨부, 총 4획

丨 口 口 中

中	中

中	小			手	中		
가운데 중	작을 소	중	소	손 수	가운데 중	수	중

096 日 날 일
日부, 총 4획

丨 冂 日 日

日	日

日	食			生	日		
날 일	먹을 식	일	식	날 생	날 일	생	일

097 旗 기 기
方부, 총 14획

亠 亠 方 方 方 旅 旂 旌 旗 旗

旗	旗

旗	手			白	旗		
기 기	손 수	기	수	흰 백	기 기	백	기

098 紙 종이 지	` ` ` 幺 幺 糸 糸 紀 紙 紙					糸부, 총 10획
	紙	紙				
	紙	面		便	紙	
	종이 지	낯 면	지	면	편할 편	종이 지	편	지

099 車 수레 거·차	一 厂 厂 厅 盲 亘 車					車부, 총 7획
	車	車				
	車	道		電	車	
	수레 차	길 도	차	도	번개 전	수레 차	전	차

100 家 집 가	` ` 宀 宀 宁 宇 宏 宏 家 家					宀부, 총 10획
	家	家				
	家	長		草	家	
	집 가	긴 장	가	장	풀 초	집 가	초	가

101 室 집 실	` ` 宀 宀 宁 宇 宏 室 室					宀부, 총 9획
	室	室				
	室	外		入	室	
	집 실	바깥 외	실	외	들 입	집 실	입	실

'나라·사물·집'과 관계있는 한자 27

'자연'과 관계있는 한자

106 自 (스스로 자) — 自부, 총 6획
획순: ′ 丨 自 自 自 自

自動			自活		
스스로 자	움직일 동	자	동	스스로 자	살 활	자	활

107 然 (그럴 연) — 火(灬)부, 총 12획
획순: ′ ク タ タ タ 好 好 妖 然 然

然後			自然		
그럴 연	뒤 후	연	후	스스로 자	그럴 연	자	연

108 電 (번개 전) — 雨부, 총 13획
획순: 一 丆 ㄇ 币 币 雨 雪 雪 雷 電

電動			電力		
번개 전	움직일 동	전	동	번개 전	힘 력	전	력

109 天 (하늘 천) — 大부, 총 4획
획순: 一 二 チ 天

天地			靑天		
하늘 천	땅 지	천	지	푸를 청	하늘 천	청	천

'자연'과 관계있는 한자

110 地 (땅 지) — 土부, 총 6획
획순: 一 十 土 圵 地 地

地	方			外	地		
땅 지	모 방	지	방	바깥 외	땅 지	외	지

111 林 (수풀 림) — 木부, 총 8획
획순: 一 十 才 木 村 材 材 林

農	林			山	林		
농사 농	수풀 림	농	림	메 산	수풀 림	산	림

112 山 (메 산) — 山부, 총 3획
획순: 丨 凵 山

山	所			江	山		
메 산	바 소	산	소	강 강	메 산	강	산

113 川 (내 천) — 川부, 총 3획
획순: 丿 丿 川

山	川			江	川		
메 산	내 천	산	천	강 강	내 천	강	천

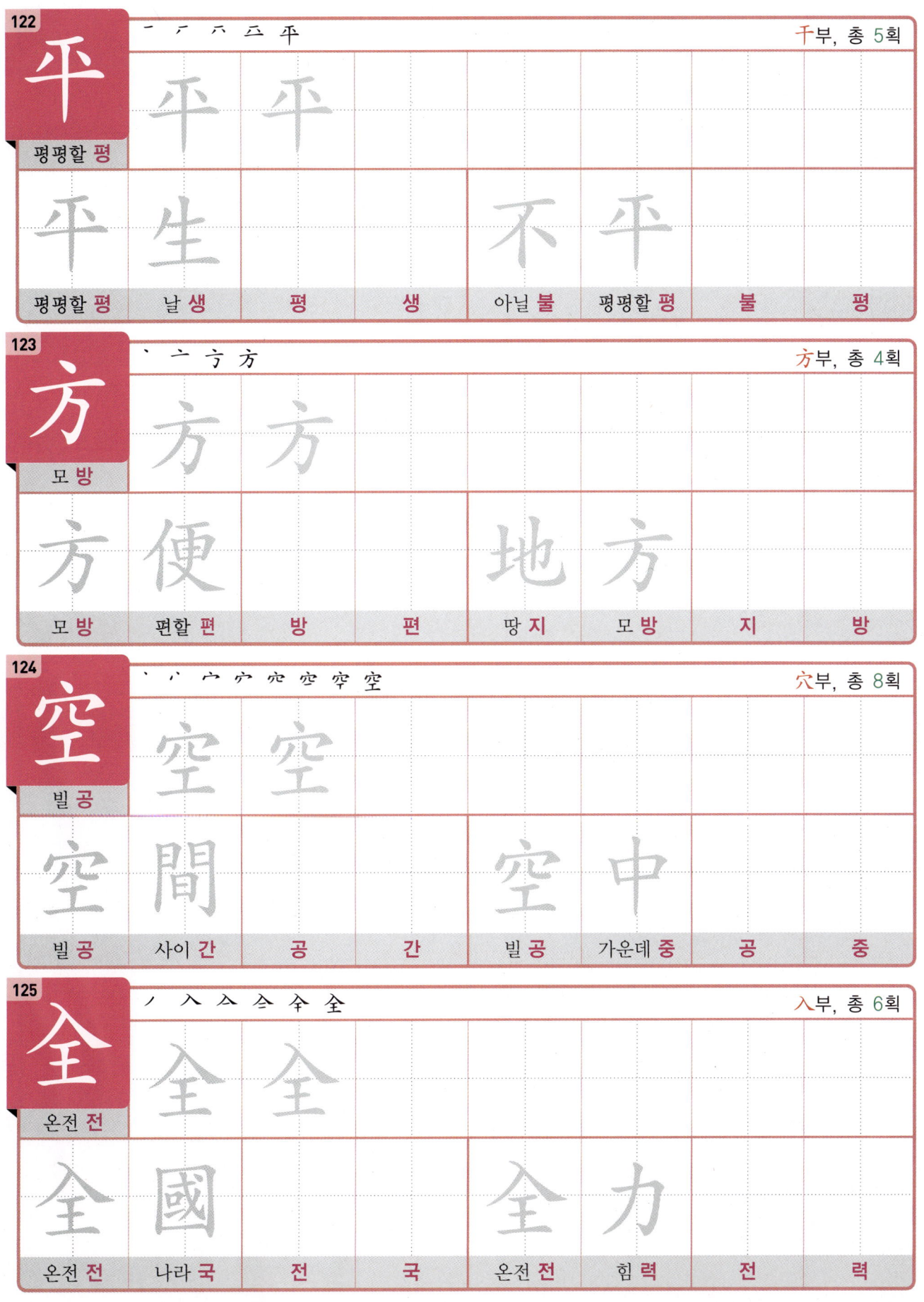

'사물 상태'와 관계있는 한자

'사물 상태'와 관계있는 한자

|본문 114~116쪽|

126 同 한가지 동	ㅣ 冂 冂 冋 同 同					口부, 총 6획
	同	同				
同	名			同	一	
한가지 동	이름 명	동	명	한가지 동	한 일	동	일

연습장

34 7급 한자 쓰기 연습장

'사람'과 관계있는 한자

131 男 ㅣ 冂 冂 冃 田 町 男 田부, 총 7획
사내 남

男	女			男	便		
사내 남	계집 녀	남	녀	사내 남	편할 편	남	편

132 女 ㄑ ㄑ 女 女부, 총 3획
계집 녀

女	子			父	女		
계집 녀	아들 자	여	자	아비 부	계집 녀	부	녀

133 老 一 十 土 耂 老 老 老부, 총 6획
늙을 로

老	少			年	老		
늙을 로	적을 소	노	소	해 년	늙을 로	연	로

134 少 ㅣ 小 小 少 小부, 총 4획
적을 소

少	女			少	年		
적을 소	계집 녀	소	녀	적을 소	해 년	소	년

'사람'과 관계있는 한자

127 軍 군사 군 — 車부, 총 9획
ノ冖冖冃冒冒軍軍軍

軍	軍					
군사 군	군사 군					

空	軍			國	軍	
빌 공	군사 군	공	군	나라 국	군사 군	국군

128 人 사람 인 — 人부, 총 2획
ノ 人

人	人					
사람 인						

人	物			老	人	
사람 인	물건 물	인	물	늙을 로	사람 인	노인

129 民 백성 민 — 氏부, 총 5획
フ コ 尸 F 民

民	民					
백성 민						

民	家			國	民	
백성 민	집 가	민	가	나라 국	백성 민	국민

130 王 임금 왕 — 玉(王)부, 총 4획
一 丁 干 王

王	王					
임금 왕						

王	子			國	王	
임금 왕	아들 자	왕	자	나라 국	임금 왕	국왕

그 밖의 한자

139 物 물건 물 — ノ 一 牛 牛 牛 牧 物 物 牛부, 총 8획

萬物				名物			
일만 만	물건 물	만	물	이름 명	물건 물	명	물

140 寸 마디 촌 — 一 寸 寸 寸부, 총 3획

寸數				寸外			
마디 촌	셈 수	촌	수	마디 촌	바깥 외	촌	외

141 村 마을 촌 — 一 十 才 木 木 村 村 木부, 총 7획

村老				農村			
마을 촌	늙을 로	촌	로	농사 농	마을 촌	농	촌

142 有 있을 유 — ノ ナ ナ 冇 有 有 月부, 총 6획

有力				有名			
있을 유	힘 력	유	력	있을 유	이름 명	유	명

143 力 (힘 력)
ㄱ 力 — 力부, 총 2획

力	力				
國	力		水	力	
나라 국	힘 력	국	력	물 수	힘 력	수	력

144 姓 (성 성)
ㄥ ㄑ ㄑ 女 女 妒 姓 姓 — 女부, 총 8획

姓	姓				
姓	名		百	姓	
성 성	이름 명	성	명	일백 백	성 성	백	성

145 名 (이름 명)
ノ ク タ タ 名 名 — 口부, 총 6획

名	名				
名	門		地	名	
이름 명	문 문	명	문	땅 지	이름 명	지	명

146 漢 (한수·한나라 한)
丶 丶 氵 氵 汁 汁 浩 渲 漢 漢 — 水(氵)부, 총 14획

漢	漢				
漢	文		漢	字	
한나라 한	글월 문	한	문	한나라 한	글자 자	한	자

그 밖의 한자 39

그 밖의 한자

| 본문 134~137쪽 |

147 氣 기운 기
丶 ⺊ ⺊ 匕 气 气 気 氣 氣 氣　　气부, 총 10획

生氣			人氣		
날 생	기운 기	생	기	사람 인	기운 기	인	기

148 不 아닐 불·부
一 ㄱ 不 不　　一부, 총 4획

不動			不安		
아닐 부	움직일 동	부	동	아닐 불	편안 안	불	안

149 命 목숨 명
丿 人 人 亽 合 合 命 命　　口부, 총 8획

命中			人命		
목숨 명	가운데 중	명	중	사람 인	목숨 명	인	명

150 每 매양 매
丿 ㄣ 匕 듀 每 每 每　　母부, 총 7획

每事			每日		
매양 매	일 사	매	사	매양 매	날 일	매	일

한자의 부수

변 방 머리 발 받침 엄 몸 제부수

부수는 한자에서 놓이는 위치에 따라 각기 다른 이름을 가지고 있어요.

① **변**: 글자의 왼쪽 부분   ㉔ 晴, 洋, 他

② **방**: 글자의 오른쪽 부분   ㉔ 形, 殺, 到

③ **머리**: 글자의 윗부분   ㉔ 花, 苦, 節

④ **발**: 글자의 아랫부분   ㉔ 熱, 烈, 点

⑤ **받침**: 글자의 왼쪽과 아래를 싸는 부분   ㉔ 道, 建

⑥ **엄**: 글자의 위와 왼쪽을 싸는 부분   ㉔ 庭, 店, 序

⑦ **몸**: 글자의 바깥 둘레를 감싸는 부분   ㉔ 問, 聞, 國

⑧ **제부수**: 글자 자체가 부수인 것   ㉔ 日, 水, 火

www.chunjae.co.kr

NEW 자격증 한번에 따기

7급 함께 배우는 배정 한자 ①

※ 부모님이나 친구들과 함께 배정 한자를 공부해 보아요.

1 家	2 歌	3 間
4 江	5 車	6 工
7 空	8 校	9 教
10 口	11 九	12 國
13 軍	14 金	15 氣

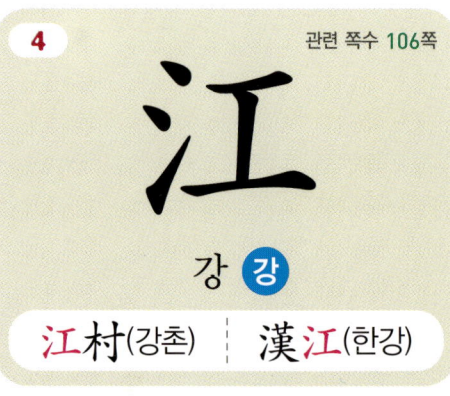

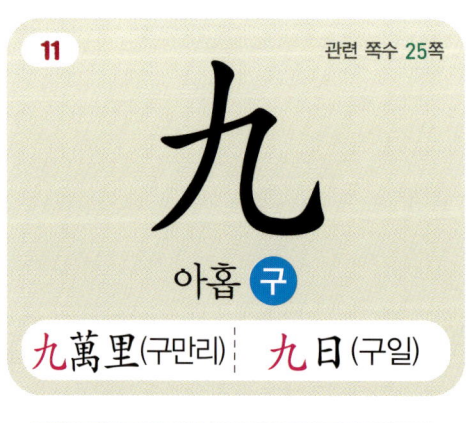
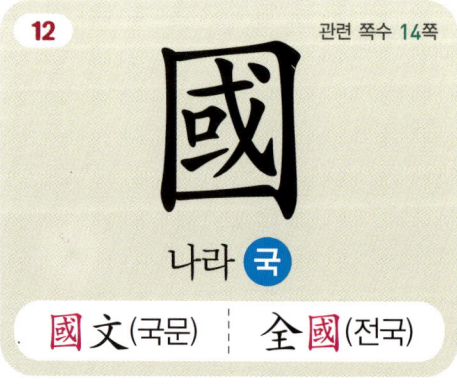

7급 함께 배우는 배정 한자 ②

※ 부모님이나 친구들과 함께 배정 한자를 공부해 보아요.

16 記	17 旗	18 南
19 男	20 內	21 女
22 年	23 農	24 答
25 大	26 道	27 同
28 冬	29 東	30 洞

7급 함께 배우는 배정 한자 ③

※ 부모님이나 친구들과 함께 배정 한자를 공부해 보아요.

31 動	32 登	33 來
34 力	35 老	36 六
37 里	38 林	39 立
40 萬	41 每	42 面
43 名	44 命	45 母

| 31 動 움직일 동 — 動力(동력) / 動物(동작) | 32 登 오를 등 — 登校(등교) / 登場(등장) | 33 來 올 래 — 來日(내일) / 外來(외래) |

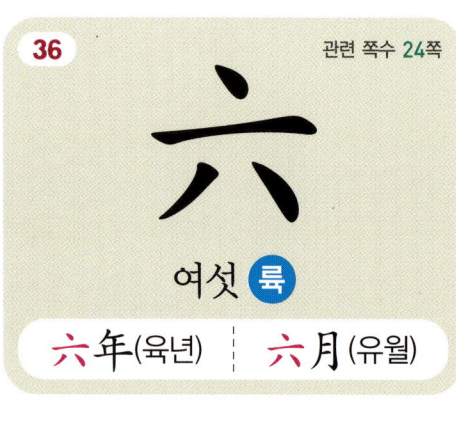

| 34 力 힘 력 — 國力(국력) / 水力(수력) | 35 老 늙을 로 — 老少(노소) / 年老(연로) | 36 六 여섯 륙 — 六年(육년) / 六月(유월) |

| 37 里 마을 리 — 萬里(만리) / 三千里(삼천리) | 38 林 수풀 림 — 農林(농림) / 山林(산림) | 39 立 설 립 — 國立(국립) / 中立(중립) |

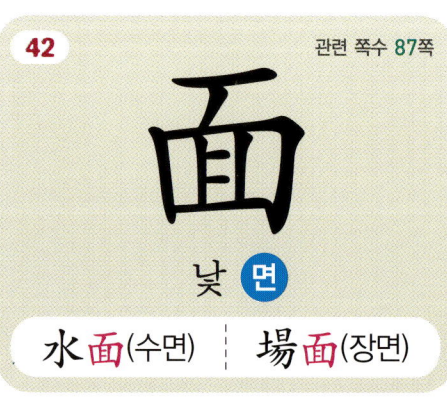

| 40 萬 일만 만 — 萬一(만일) / 萬全(만전) | 41 每 매양 매 — 每事(매사) / 每日(매일) | 42 面 낯 면 — 水面(수면) / 場面(장면) |

| 43 名 이름 명 — 名門(명문) / 地名(지명) | 44 命 목숨 명 — 命中(명중) / 命人(명인) | 45 母 어미 모 — 母國(모국) / 老母(노모) |

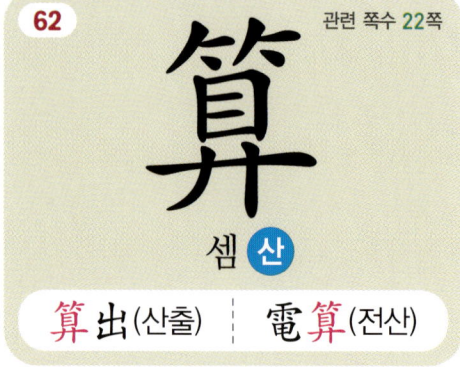
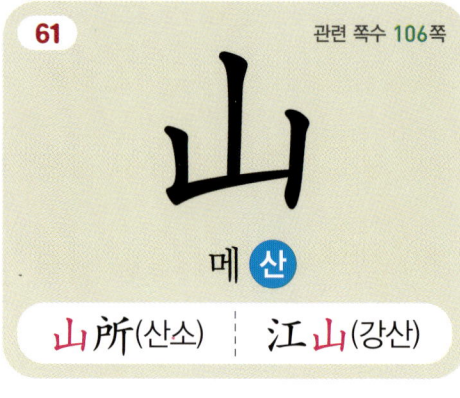

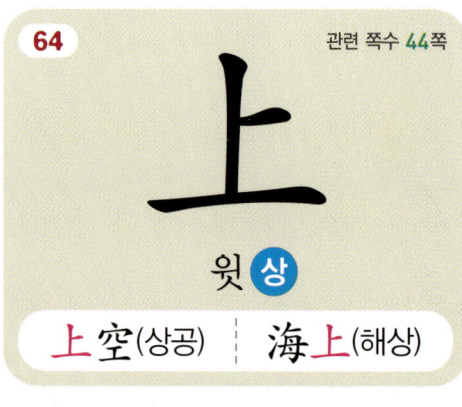

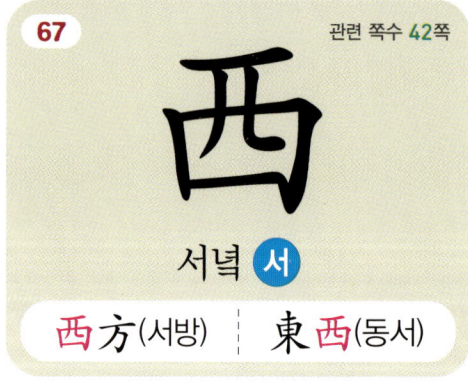

7급 함께 배우는 배정 한자 ⑥

※ 부모님이나 친구들과 함께 배정 한자를 공부해 보아요.

76 手	77 數	78 市
79 時	80 食	81 植
82 室	83 心	84 十
85 安	86 語	87 然
88 五	89 午	90 王

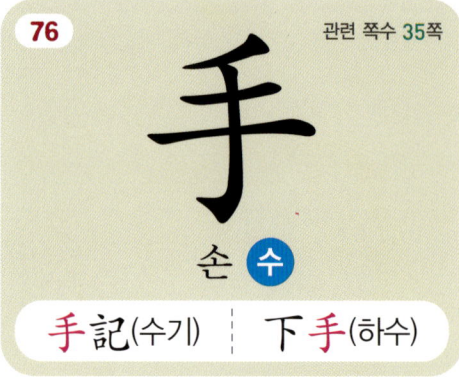

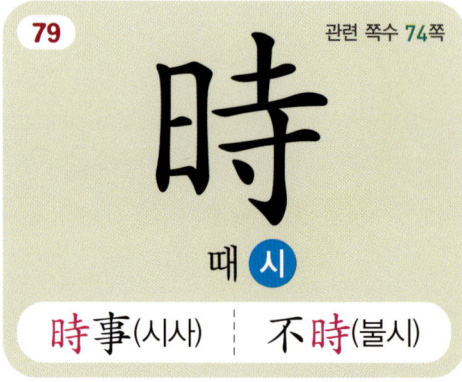

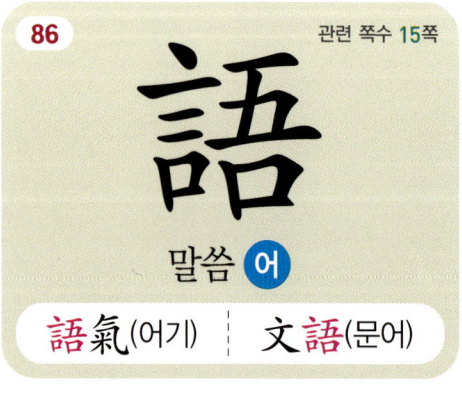

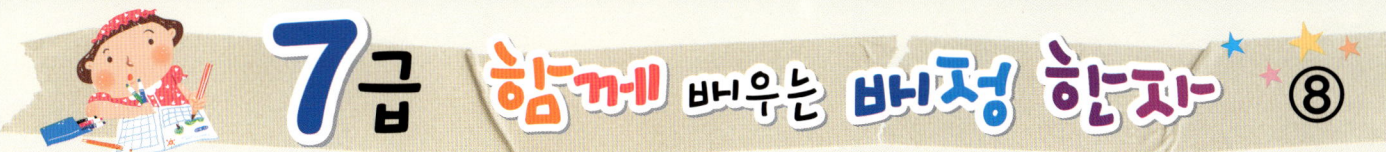

※ 부모님이나 친구들과 함께 배정 한자를 공부해 보아요.

106 場	107 電	108 全
109 前	110 正	111 弟
112 祖	113 足	114 左
115 主	116 住	117 中
118 重	119 紙	120 地

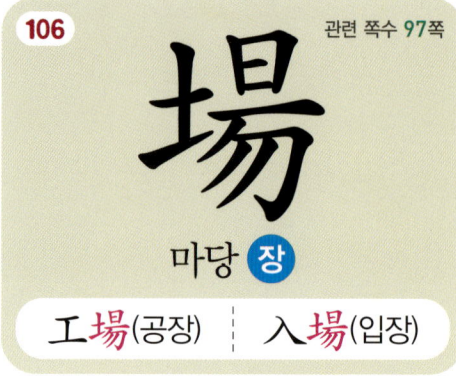

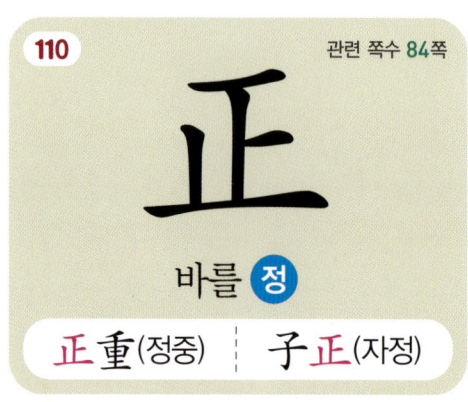

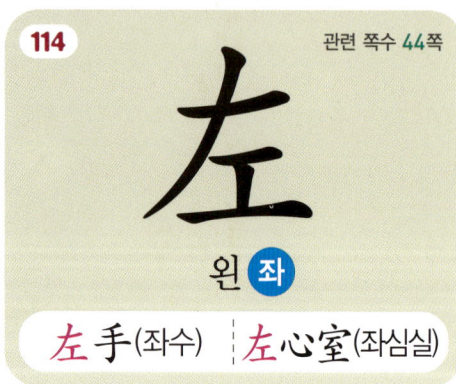

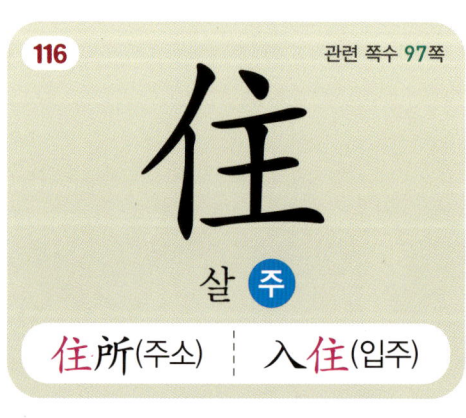
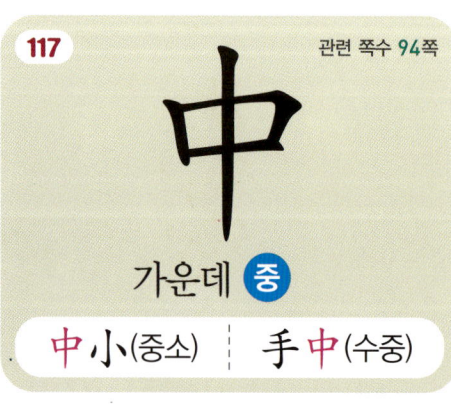

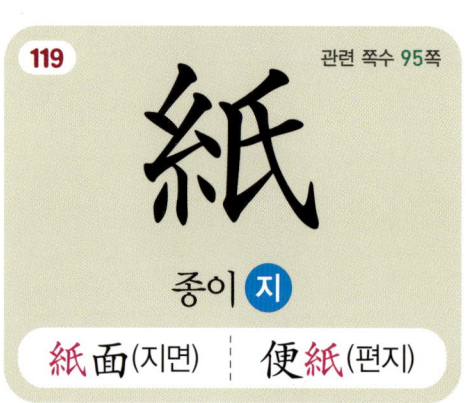

7급 함께 배우는 배정 한자 ⑨

※ 부모님이나 친구들과 함께 배정 한자를 공부해 보아요.

121	122	123
直	川	千

124	125	126
天	靑	草

127	128	129
寸	村	秋

130	131	132
春	出	七

133	134	135
土	八	便

123 千 일천 천 — 千金(천금) 千里(천리)	122 川 내 천 — 山川(산천) 河川(하천)	121 直 곧을 직 — 直面(직면) 下直(하직)
126 草 풀 초 — 草地(초지) 海草(해초)	125 靑 푸를 청 — 靑山(청산) 靑春(청춘)	124 天 하늘 천 — 天地(천지) 靑天(청천)
129 秋 가을 추 — 秋色(추색) 秋夕(추석)	128 村 마을 촌 — 村老(촌로) 農村(농촌)	127 寸 마디 촌 — 寸數(촌수) 寸外(촌외)
132 七 일곱 칠 — 七夕(칠석) 七千(칠천)	131 出 날 출 — 出國(출국) 外出(외출)	130 春 봄 춘 — 立春(입춘) 春秋(춘추)
135 便 편할 편 똥오줌 변 — 便安(편안) 人便(인편)	134 八 여덟 팔 — 八道(팔도) 八方(팔방)	133 土 흙 토 — 土地(토지) 國土(국토)

7급 함께 배우는 배정 한자 ⑩

※ 부모님이나 친구들과 함께 배정 한자를 공부해 보아요.

136 平	137 下	138 夏
139 學	140 韓	141 漢
142 海	143 兄	144 火
145 話	146 花	147 活
148 孝	149 後	150 休

138 夏 여름 하 — 夏冬(하동) · 立夏(입하) (관련 쪽수 76쪽)	137 下 아래 하 — 下水(하수) · 天下(천하) (관련 쪽수 45쪽)	136 平 평평할 평 — 平生(평생) · 不平(불평) (관련 쪽수 115쪽)
141 漢 한수·한나라 한 — 漢文(한문) · 漢字(한자) (관련 쪽수 136쪽)	140 韓 한국·나라 한 — 韓食(한식) · 北韓(북한) (관련 쪽수 94쪽)	139 學 배울 학 — 學年(학년) · 入學(입학) (관련 쪽수 12쪽)
144 火 불 화 — 火氣(화기) · 火力(화력) (관련 쪽수 54쪽)	143 兄 형 형 — 兄弟(형제) · 兄夫(형부) (관련 쪽수 52쪽)	142 海 바다 해 — 海軍(해군) · 海外(해외) (관련 쪽수 107쪽)
147 活 살 활 — 活動(활동) · 生活(생활) (관련 쪽수 65쪽)	146 花 꽃 화 — 花草(화초) · 國花(국화) (관련 쪽수 107쪽)	145 話 말씀 화 — 手話(수화) · 電話(전화) (관련 쪽수 66쪽)
150 休 쉴 휴 — 休校(휴교) · 休日(휴일) (관련 쪽수 64쪽)	149 後 뒤 후 — 後記(후기) · 午後(오후) (관련 쪽수 43쪽)	148 孝 효도 효 — 孝道(효도) · 不孝(불효) (관련 쪽수 85쪽)